Inhaltsverzeichnis

Bewerbung – ein Stück Lebenserfahrung

Der Weg zu einer aussagefähigen Bewerbung

Einleitung:

2. Auflage
Herstellung und Verlag:
Books on Demand GmbH, Norderstedt
ISBN 978-3-8391-3568-6

Bewerbung – ein Stück Lebenserfahrung

Meine Beweggründe für dieses Buch

Heute Morgen bin ich aufgestanden, gehe duschen und denke darüber nach, aus welchem Grund viele Dinge so kompliziert, so förmlich und unklar ausgedrückt sind? Denken wir an das Thema Bewerbung! Es ist mein Thema, denn ich bin seit vielen Jahren in dem Bereich als Dozentin tätig. Ich lese viele Bücher dazu, ich rede mit vielen Menschen, die Mitarbeiter einstellen; ich habe Kontakt zu Menschen, die eine neue berufliche Herausforderung suchen – freiwillig oder unfreiwillig.

- ✓ Wie einfach oder schwer ist es, seine Ziele zu erreichen?
- ✓ Wie schnell kann ich erfolgreich sein?

Ich habe mich entschlossen, dieses Buch zu schreiben. Ein Buch, in dem es Spaß macht zu lesen und in dem Sie wertvolle Tipps finden. Vielleicht zaubert es auch ab und zu ein Lächeln hervor!

Worüber werde ich schreiben?

- ✓ Über Lebenserfahrung,
- ✓ über das Erreichen von Zielen?
- ✓ Haben wir uns Ziele gesetzt?
- ✓ Kennen wir unsere Ziele?
- ✓ Was haben wir für einen Job gewählt?
- ✓ Ist es ein Beruf, der unsere Berufung ist?
- ✓ ...oder den wir erlernen mussten aus verschiedenen Gründen?

Welche Chancen haben wir heute, einen neuen Job zu finden? Ich sage bewusst heute, denn die wirtschaftliche Situation und das Agieren der Unternehmen haben sich verändert. Wie gehen wir damit um?

Mein Wunsch ist es, dass jeder etwas in diesem Buch findet, was ihn ein Stück weiterbringt auf seinem Weg; bewusst oder unbewusst. Es liegt mir am Herzen, dass Sie etwas in der Hand haben, womit Sie arbeiten können und was Sie unterstützt auf der Suche nach einer neuen beruflichen Herausforderung.

Die persönliche Einstellung

Ein Fußballtrainer von meinem Sohn hat zu mir gesagt, dass er alles auf dem Arbeitsmarkt so furchtbar findet. Er hat schon über 200 Bewerbungen geschrieben. Er findet keinen Job. Ich habe ihm angeboten, mir seine Bewerbungsunterlagen zum Anschauen zu geben. Vielleicht kann ich ihm Anregungen aufzeigen, um es anders zu versuchen. Er meinte jedoch, dass er es selber kann und dafür keine Unterstützung benötigt.

Machen Sie diesen Fehler nicht! Nehmen Sie so viele Anregungen auf, wie möglich. Beobachten Sie und hören Sie hin, wenn Bekannte oder Freunde über ihre Jobs reden! Vielleicht bekommen Sie eine Idee oder gar eine Möglichkeit, eine Empfehlung zu nutzen. Ziehen Sie sich nicht zurück und geben Sie nicht auf! Quantität ist nicht Qualität. Ein wichtiger Faktor – es kommt nicht darauf an, wie viele Bewerbungen Sie schreiben, sondern wie qualifiziert, einzigartig Ihre Bewerbungen sind und vor allem wie gezielt.

Die Einstellung zählt. Sich von der Presse oder von der Meinung und Ansicht der Bekannten beeinflussen zu lassen oder als Rechtfertigung die momentane Wirtschaftslage zu nehmen, ist nicht richtig. Es ist für Sie sehr zum Nachteil.

„Du bist geboren, um Erfolg zu haben. Niemand kann Dich davon abhalten, außer Du selbst."

Ich bin 49 Jahre und denke darüber nach, was ich noch machen möchte. Ich mache es und fange direkt damit an.

Ich wünsche mir, dass ich die Möglichkeit habe, viele
Dinge davon auch noch lange zu tun. Es liegt an mir!

Es gibt so viele Möglichkeiten. Wir sind so
aufgewachsen, dass wir in Grenzen denken, teilweise
auch leben und diese nicht überschreiten. Tun Sie es –
wenigstens ab und zu -, wer hindert Sie daran? Nur Sie
selbst… .

„Sag´ was Du meinst, und Du bekommst, was Du willst"
Ein empfehlenswertes Buch von George Walther …

Sagen wir direkt, was wir möchten. ...ohne „würde" oder
„könnte" oder „wäre". Das heißt nicht, dass wir nicht
mehr höflich sind. Im Gegenteil – die zwei Zauberworte
BITTE und DANKE gehören nach wie vor in unseren
Wortschatz. Sie sind nicht wegzudenken. Unsere Kinder
weisen wir immer wieder darauf hin. Wir Erwachsenen
vergessen es häufig, erinnern uns selber daran – ab und
zu machen es auch unsere Kinder für uns. Wenn ich
etwas möchte, dann sage ich es. „Ich mache es jetzt!"
oder „Ich werde es jetzt machen!" und nicht: „Ich würde
es gerne tun" oder „Ich würde es gerne machen". Wenn
ich eine Bewerbung schreibe, dann heißt mein
Schlusssatz nicht mehr „Ich würde mich freuen, wenn ..."
sondern „Ich freue mich..." Damit bringe ich zum
Ausdruck, dass ich motiviert bin, dass ich den Job haben
möchte, dass ich ein positiver Mensch bin – ich zeige
Engagement.

Lernen wir, uns für etwas einzusetzen, wenn wir es haben
möchten. Dazu gehört auch die Bereitschaft, dafür etwas
zu tun. Sie haben das Ziel, einen Job zu finden. Einen
Job, der Ihnen Spaß macht. Jetzt haben Sie die

Möglichkeit, sich dafür Zeit zu nehmen. Es ist Ihr Job, etwas für sich zu tun, mit sich zu arbeiten, sich klar zu werden, „welches Ziel habe ich und wie will ich es erreichen". Sie werden sehen, dass es Ihren Tag, wenn Sie es durchziehen, voll ausfüllt. Sie haben nun die Möglichkeit, den Tag anders zu beginnen. Schöpfen Sie Energie, fangen Sie mit etwas Sport an. Trinken Sie einen Cappuccino, einen Espresso oder eine Latte Macchiato (…das war der Wunsch meiner „Lektorin" Sabine Lorenz, die Latte M. hatte sie zuvor vermisst in meiner Auflistung ☺), irgendwo, wo es Ihnen gefällt – lesen Sie dabei die Zeitung. Vielleicht haben Sie die Chance, sich dabei mit anderen Menschen auszutauschen. All´ das gehört dazu! Energien zu bekommen, andere Ideen zu erhalten, innovativ zu werden... Das ist unser heutiger Alltag, das kann er sein. Sehen Sie es von der positiven Seite. Sie haben ansonsten keine Chance, etwas für sich zu bewegen.

Seien Sie offen für Jobangebote, nicht nur für das, was Sie gelernt haben. Wenn Sie Metallbauer gelernt haben, schauen Sie nicht nur unter Stellenangeboten oder Anzeigen „Metallbauer". Wenn Sie eine Beschäftigung in der Buchhaltung suchen, weil Sie schon immer in der Abteilung gearbeitet haben, schauen Sie nicht nur unter „Sachbearbeiter Buchhaltung".

Sicher gibt es Situationen, in denen Sie denken „Ich habe keine Wahl." Dann machen Sie das Beste daraus und verlieren Sie Ihr Ziel nicht aus den Augen: aktiv bleiben und das Beste für sich herausholen!

Was machen Sie gerne? Was macht Ihnen Spaß? Sie haben nur dieses eine Leben. Sie verbringen einen großen Teil der Zeit mit einem Job, der Ihnen keinen Spaß macht. Es kommt hinzu, dass Sie erfolgreicher in einem Bereich sind, wenn Sie Spaß daran haben!

Erfolg stellt sich leichter ein, wenn Sie das tun, was Freude macht. Denn was wir gern machen, machen wir auch gut. Und was wir wirklich gut machen, das wird vom Leben gut bezahlt. Wir sind schließlich geboren, um das „Spiel des Lebens" zu genießen.

Mit dem Erfolg kommt ebenfalls der Motivationsschub. Überlegen Sie, was passiert, wenn Sie gelobt werden. Sie „wachsen" und strahlen, sind motiviert und freuen sich!

Alle erfolgreichen Menschen hatten eines gemeinsam: Sie hatten Freude an dem, was sie taten!

Mut zum Risiko gehört auch dazu. Mutig zu sein, einfach `mal etwas anderes zu machen. Zu sagen „Mensch, ich mache es jetzt, obwohl mir noch einige Dinge fehlen, um perfekt zu sein. Das eigne ich mir an."

Was ist überhaupt perfekt? Kein Mensch verfügt über diese Eigenschaft. Sie werden feststellen, dass überall nur mit Wasser gekocht wird. Das ist so. Sie haben und können bereits sehr viel.

Was bedeutet nun Bewerbung? Es fängt nicht mit dem Lesen von Stellenangeboten an. Es beginnt mit Ihnen selber... Sich mit sich auseinander zu setzen. Es macht Spaß und ist interessant.

Positiv denken, das kennen wir alle. Nur allein das Denken bringt uns nicht weiter. Wenn Sie morgens aufstehen und schlecht drauf sind. Was sagen Sie dann zu sich? „Oh, Gott, das wird ein schlechter Tag!" Diese

Aussage sichert Ihnen einen miesen Tagesverlauf. Sie bestimmen Ihren Tagesverlauf, wenn Sie morgens aufwachen. Drehen Sie es einfach um. Sagen Sie sich:

„Naja, ´mal schauen, es kann ein interessanter Tag werden. Ich mache das Beste draus."

Schreiben Sie sich Dinge, die Sie erreichen wollen, auf. Visualisieren Sie sie! Dann haben Sie die Möglichkeit, diese immer wieder hervor zu holen und sie sich anzuschauen. Wie weit bin ich meinem Ziel näher gekommen? Was habe ich heute getan, um mein Ziel zu erreichen?

„Ein Ziel, das du nicht siehst, kannst du auch nicht treffen. Die Leute träumen ihr Leben lang davon, glücklicher zu werden, vitaler zu leben und sich mit Leidenschaft bestimmten Dingen widmen zu können. Doch wollen sie nicht einsehen, wie wichtig es ist, dass sie sich wenigstens zehn Minuten pro Monat nehmen, sich hinsetzen und ihre Ziele aufschreiben und dabei gründlich über den Sinn ihres Lebens nachdenken. Wenn du dir klare Ziele setzt, wird dein Leben großartig…"

Eine Passage aus dem Buch „Der Mönch, der seinen Ferrari verkaufte" von Robin S. Sharma –kann ich empfehlen!

Wenn Sie diese Zeilen lesen, denken Sie sicher: „Oh, Mann, die hat gut reden..."

- „Ich habe kein Geld!"
- „Ich habe keinen Job."

- „Ich habe so viele Rechnungen zu bezahlen, Schulden..."
- „Mich überrennt alles."

Verzweifeln Sie nicht! Viele Menschen haben das gleiche Schicksal, stehen vor der gleichen Situation. Viele Menschen haben Wünsche, die sie sich nicht erfüllen können, materieller Art. Diese Situation kennen wir alle. Sie werden sehen, wenn Sie sich mit diesen Dingen intensiv und aktiv auseinander setzen, dann passiert etwas. Dann bewegen Sie etwas.

Ich wünsche Ihnen, dass Sie
- ✓ es schaffen aktiv zu bleiben oder zu werden
- ✓ es in Angriff nehmen und nicht negieren!

Reden Sie mit den Menschen, denen Sie Geld schulden. Wenn das nicht machbar ist, schreiben Sie. Finden Sie so einen Anfang. Reagieren Sie auf die Herausforderungen, die nicht regelbar erscheinen. Handeln Sie! Bringen Sie auch diese Dinge in Ordnung. Lassen Sie es nicht schleifen! Das hilft Ihnen nicht weiter, um gut schlafen oder wieder Luft holen zu können.

Bitte bedenken Sie, dass Sie nicht mit allen Dingen, die Sie bewegen wollen, auf einmal anfangen. Rauchen abgewöhnen, abnehmen, Finanzen regeln... Machen Sie alles STEP by STEP, eins nach dem anderen. Setzen Sie Prioritäten! Nur so kann es funktionieren. Sonst überfordern Sie sich komplett. Ich nenne es gerne die „Sandwichmethode".

Stärken und Schwächen

Womit fangen wir jetzt in diesem Buch an? Der erste
Schritt für Sie ist es, sich darüber Gedanken zu machen,
was Sie tun möchten, wo Ihre Stärken liegen. Wie stellen
Sie das fest? Was können Sie tun?

Es gibt im Internet viele Möglichkeiten, ein **Stärken-
Schwächen**-Profil von sich zu erstellen,
Persönlichkeitstests zu machen oder daran teilzunehmen.
Auch ich habe ein System, mit dem ich in meinen Kursen
arbeite.

Es gibt das DISG-Persönlichkeitsmodell, die Bio-
Struktur-Analyse, das HID- Herrmann International
Deutschland und sicher noch einige mehr. Sie haben auch
die Auswahl im Buchhandel; in vielen Büchern ist etwas
zu diesem Thema beschrieben; Bereiche, mit denen Sie
arbeiten können.

„Zu sein, was wir sind, und zu werden, wozu wir fähig
sind, ist das einzige Ziel des Lebens."

…von einem schottischen Schriftsteller, Robert Louis
Balfour Stevenson.

Was halten Sie davon, wenn Sie selber aktiv sind und
direkt loslegen? Auch eine Variante, die weniger Zeit
kostet und vor allen Dingen kostenfrei ist. Was kann
ich gut? Was macht mir Spaß? Die positive Spalte mit
Ihren sogenannten Hard-Skills, den Fachkenntnissen und
den Qualifikationen. Natürlich auch mit den Soft-Skills,
den weichen Faktoren – Ihren Charaktereigenschaften
und die Spalte mit den Dingen, die Sie nicht gerne tun,
was zu Ihren Schwächen zählt.

Jetzt haben Sie zwei Spalten, die jeweils nochmals in Soft- und Hard-Skills unterteilt sind.

Das kann wie folgt aussehen:

☺	☺	☹	☹
Qualifikationen	**Charakter**	**Qualifikationen**	**Charakter**
Englisch Wort und Schrift	belastbar	mangelnde PC	unflexibel

Dazu eine Geschichte vom „Ballonfahrer" und dem „Manager":

Ein Mann in einem Heißluftballon hat sich verirrt. Er geht tiefer und sichtet eine Frau am Boden. Er sinkt noch weiter ab und ruft:
„Entschuldigung, können Sie mir helfen? Ich habe einem Freund versprochen, ihn vor einer Stunde zu treffen, und ich weiß nicht, wo ich bin!"

Die Frau am Boden antwortet:
„Sie sind in einem Heißluftballon ungefähr in 10 Meter Höhe über Grund. Sie befinden sich zwischen 40 und 41 Grad nördlicher Breite und zwischen 59 und 60 Grad westlicher Länge."

„Sie müssen Ingenieurin sein", sagt der Ballonfahrer.
„Bin ich", antwortet die Frau, „aber woher wissen Sie das?"

„Nun", sagt der Ballonfahrer, „alles, was Sie mir sagten, ist technisch korrekt, aber ich habe keine Ahnung, was ich mit Ihren Informationen anfangen soll und Fakt ist, dass ich immer noch nicht weiß, wo ich bin. Offen gesagt, waren Sie keine große Hilfe. Sie haben höchstens meine Reise noch weiter verzögert."

Die Frau antwortet. „Sie müssen im Management tätig sein." „Ja", antwortet der Ballonfahrer, „aber woher wissen Sie das?"

„Nun", sagt die Frau, „Sie wissen weder wo Sie sind, noch wohin Sie fahren. Sie sind aufgrund einer großen

Menge heißer Luft in Ihre jetzige Position gekommen.
Sie haben ein Versprechen gemacht, von dem Sie keine
Ahnung haben, wie Sie es einhalten können und erwarten
von Leuten unter Ihnen, dass Sie Ihre Probleme lösen.
Tatsache ist, dass Sie exakt in der gleichen Lage sind wie
vor unserem Treffen, aber jetzt bin ich irgendwie
Schuld!"

Autor unbekannt

Sie können die Liste so weiterführen, natürlich gehe ich
davon aus, dass Sie ehrlich zu sich selber sind. Sonst hat
es keinen Sinn. Die Liste führen Sie so ausführlich und
beliebig weiter, bis Ihnen nichts mehr einfällt. Nehmen
Sie Zeugnisse von Ihren vorhergehenden Arbeitgebern zu
Hilfe. Fragen Sie Freunde und Familie, was Ihnen zu
Ihren Charaktereigenschaften noch einfällt. Es wird
eine ausführliche Beschreibung.

Sie haben Ihre Auflistung beendet und vollständig. Jetzt
schauen Sie sich die ☺ an und überlegen Sie, in welchen
Bereichen, in welchen Branchen haben Sie die
Möglichkeit, Ihre Stärken einzusetzen. Welche
Abteilungen gibt es für Sie? Dann konzentrieren Sie sich
darauf.

Denn eins ist sicher:

**„Nur wer Spaß an einer Aufgabe hat, ist auch
erfolgreich."**

Haben Sie schon einmal eine Sportart ausgeübt, die Ihnen
keinen Spaß bereitet hat und Sie hatten Erfolg? Kann

nicht sein! Wenn Sie es hassen einen Kuchen zu backen, und Sie machen es trotzdem, dann gelingt er sicher nicht so gut, wie Sie es sich vorgestellt haben.

Wenn Sie Handball spielen, obwohl es Ihnen keinen Spaß macht, werden Sie keine Tore werfen... So verhält es sich auch mit Ihrem Job. Wenn Sie eine Arbeit haben, die Ihnen keinen Spaß macht, dann werden Sie keine Erfolge verzeichnen, dann fahren Sie jeden Morgen mit einer mürrischen Miene in die Firma.

Wenn Sie zu Ihrer Arbeit fahren, schauen Sie mal nach rechts und nach links! Welchen Gesichtsausdruck haben Ihre Mitmenschen? Sehen Sie einen zufriedenen und glücklichen Ausdruck auf den Gesichtern? Ich habe es morgens nur ganz selten gesehen.

Nutzen Sie jetzt die Gelegenheit und machen Sie es richtig! Sie fangen neu an. Dann jetzt bitte richtig! Vielleicht hatten Sie in Ihrer Jugend nicht die Möglichkeit, den Beruf zu erlernen, der Ihnen Spaß gemacht hat. Ihre Eltern haben es gut gemeint, Sie sollten einen Beruf erlernen, der nach ihrer Ansicht krisensicher war. Es gibt heute noch Eltern, die ihren Söhnen sagen: „Lerne doch KFZ-Mechatroniker, dann kannst Du genug Geld verdienen, denn Du hast die Möglichkeit, zu Hause (nebenbei) noch etwas Geld zu machen...“, obwohl der Junge lieber in die Landwirtschaft oder in den Gartenbau gegangen wäre.

Was war das Resultat? Ausbildungsplatzwechsel 2mal, Ausbildung nach 3 Jahren „hingeschmissen“ – arbeitssuchend, schwer vermittelbar ... So geht es manchmal, leider!

Das Leben ist zu kurz, um so viel Zeit jeden Tag zu
verschwenden mit einer Arbeit, die Ihnen keinen Spaß
bereitet.

Wissen Sie eigentlich, wie viel Stunden ein Jahr hat?
Das Jahr hat **8.760 Stunden**.

Na, wie hört sich das an für Sie? Ist nicht viel, oder?

Dann ziehen Sie bitte, da wir durchschnittlich 7 Stunden
pro Tag schlafen noch 2.555 Stunden ab,
dann bleiben nur noch **6.205 Stunden** übrig.

So, jetzt gehen wir noch zur Arbeit, gehen wir von einem
Vollzeitjob aus – das heißt für uns 10 Stunden an 5
Tagen pro Woche, An- und Abreise mitgerechnet,

dann bleiben uns nur noch **3.605 Stunden** pro Jahr.

In diesen Stunden haben wir noch alltägliche Dinge wie
Haushalt, Erledigungen vorzunehmen. Wir dürfen nicht
krank werden. Wie viel Zeit, wie viel Stunden bleiben
uns übrig, die wir wirklich nur für uns selber nutzen
können? Jetzt sind Sie eine Frau/ein Mann und haben
eine Familie. Dann wird es noch weniger Zeit, die Sie
ganz allein für sich nutzen können. Sie sehen, was das
Kostbarste für uns im Leben ist: **die Zeit**! Die können
wir nicht wiederholen, die können wir nicht
zurückdrehen. Sie rinnt uns einfach wie Sandkörner
durch die Finger!

Eine Lüge zum Thema Zeit ist „Ich habe keine Zeit." Die
Formulierung ist falsch! Selbstverständlich haben wir
Zeit. Wir treffen lediglich Entscheidungen, womit wir
diese Zeit verbringen wollen. Die Aussage „Dafür habe

ich keine Zeit" bedeutet im Klartext: „Das ist mir nicht wichtig genug, ich nutze meine Zeit lieber für andere Dinge." Wer sagt, er habe keine Zeit für Sport, hat sich stattdessen häufig für Fernsehkonsum und Diskothek entschieden. Zeit für etwas zu haben, ist also eine Entscheidungsfrage. Keine Zeit heißt in Wahrheit: kein Interesse.

Eine andere Möglichkeit, um sich seiner Stärken bewusst zu werden, oder besser formuliert, um seine Kompetenzen und Stärken zu erarbeiten und klarer zu „sehen", ist die Methode, die ich in Projekten oft verwende: Brainstorming!

Brainstorming laut Wikipedia: …eine von Alex Osborn erfundene und von Charles Hutchison Clark weiter entwickelte Methode zur Ideenfindung, die die Erzeugung von neuen, ungewöhnlichen Ideen in einer Gruppe von Menschen fördern soll. Er benannte sie nach der Idee dieser Methode, nämlich „using the brain to storm a problem" (wörtlich: das Gehirn verwenden zum Sturm auf ein Problem).

Dieses Verfahren wird in der Werbung, in der Produktentwicklung – in vielen anderen Bereichen und Aktionen eingesetzt. Somit nutzen wir es auch in unserer Sache wie folgt:

Schritt 1:

Sie haben die Möglichkeit, es allein zu machen oder auch mit einem Freund / einer Freundin oder einem Kollegen / einer Kollegin, wie auch immer. Sammeln Sie alles, was Ihnen einfällt zu Ihrer Person zu folgender Aufgabe:

Aus welchem Grund soll ein Arbeitgeber sich für mich entscheiden?
Was macht mich einzigartig?

(…egal, wie Sie es formulieren – das Ergebnis ist identisch!)

✓ fachliche Kompetenz

✓ soziale Kompetenz

Für diese Bereiche nehmen Sie jeweils einen Zettel und legen los; schreiben Sie einfach drauf los – ohne jegliche Bewertung. Im ersten Schritt geht es nur um das Sammeln von Fakten, Ideen, Anregungen, Empfindungen…

Schritt 2:

Jetzt sortieren und bewerten Sie diese Ausführungen, das heißt für Sie:
✓ Sie suchen sich einige Hard Skills (Qualifikationen) heraus, die für Sie als Mitarbeiter sprechen und formulieren es **überzeugend.**
✓ Sie suchen sich einige Soft Skills (persönliche Stärken) heraus, die für Sie als Mitarbeiter sprechen und formulieren es **überzeugend**.

Hierzu ein Beispiel:

Was spricht für mich im Bereich **fachliche Qualifikationen**?

✓ Umsetzung von B2C-Konzepten

- ✓ Langjährige Erfahrung im Projektmanagement
- ✓ Geschickte Gesprächsführung
- ✓ Datenbankmanagement
- ✓ Budgetverantwortung
- ✓ Personalverantwortung
- ✓ Tagungsorganisation
- ✓ Korrespondenz in Englisch, Französisch und Spanisch
- ✓ Kenntnisse der Betriebssysteme Windows NT und XP
- ✓ MS-Office incl. Power Point und Access
- ✓ Sehr gute Kenntnisse in SAP R/3

Was spricht für mich im Bereich **persönliche Stärken**?

- ✓ Teamplayer
- ✓ zuverlässig
- ✓ mobil
- ✓ engagiert
- ✓ begeisterungsfähig
- ✓ belastbar

Textbausteine, die Sie daraus erstellen können:

Ich habe ein Händchen für das Marketing. Für Mitarbeiter habe ich ein offenes Ohr und kann sie entsprechend motivieren. Mein erfolgreichstes Projekt war die eigenverantwortliche Unternehmens- und Konzeptentwicklung neuer Märkte sowie die Entwicklung neuer Service-Angebote für die bestehenden Märkte. Durch meine sprachliche Kompetenz habe ich es europaweit umgesetzt.

Als Projektmanagerin mit Marketinghintergrund gelte ich als guter Teamplayer. Ich richte mich bei der Planung und Organisation nach meinen Kunden und agiere engagiert sowie zielorientiert. Ich bin ein zuverlässiger Partner, der die Projekte mit Begeisterung pünktlich abschließt.

Wie finden Sie Stellenangebote?

Jetzt werden Sie noch aktiver. Sie kennen Ihre Stärken und Schwächen und wissen nun, was Sie nicht machen möchten. So haben Sie die Chance, ganz gezielt zu suchen.

- ✓ Wie können Sie es tun?
- ✓ Welche Möglichkeiten haben Sie, auf dem Arbeitsmarkt aktiv zu werden?

Fangen Sie mal an mit der klassischen Variante, die Sie alle kennen und jeder, der einen Job sucht; jeder, der sich verändern möchte, nutzt: Zeitung, Presse. Das heißt für Sie, Sie kaufen mindestens jedes Wochenende die Tageszeitungen aus der Umgebung und arbeiten die Seiten mit den Stellenangeboten durch. Wie machen Sie es effektiv?

Ganz einfach – Jobs, die Sie interessieren schneiden Sie aus – mit dem Vermerk „Welche Zeitung und welches Datum" . Dann schauen Sie sich die Anzeige an und nehmen einen Textmarker zur Hilfe. Wieso? Fragen Sie sich bestimmt. Sie markieren für Sie wichtige Details und Informationen; das sind Anforderungen, Qualifikationen, die die Firma voraussetzt. So haben Sie einen schnellen Überblick, wenn es an das Schreiben der Bewerbung geht, ob Sie den Anforderungen komplett gerecht werden, ob Sie über die weichen Faktoren verfügen... Und Sie haben die Möglichkeit, Ihre Stärken und die Anforderungen leichter gegenüber zustellen und in Ihrem Anschreiben direkt daraufhin zu weisen.

Die klassische Art, um auf dem Arbeitsmarkt mitzuschwimmen. Auf jedes Wochenende warten und die Tageszeitungen kaufen, dann studieren und aktiv werden. Das reicht heute nicht mehr aus!

Sie können es sich nicht leisten, die Woche zu warten. Obwohl wir Deutschen ja ein „wartendes Volk" sind. Wir schimpfen über viele Dinge, ändern es nicht, da wir der Meinung sind, dass wir allein, als Einzelperson es eh nicht ändern können. Also warten wir lieber ab, bis jemand kommt, der es ändert, der es anders macht – ja, ja so sind wir!

Nur in diesem Fall der Jobsuche ist es der falsche Ansatz, denn dann sitzen Sie noch in einigen Monaten oder Jahren so da und warten, warten... Vielleicht haben Sie jemanden, dem Sie die Schuld dafür geben können – der wirtschaftlichen Lage, Ihrem Kollegen, der Sie gemobbt hat …. Also, was soll´s...

Was haben Sie noch für Möglichkeiten? Nutzen Sie neben den Stellenanzeigen noch die Stellenangebote im Internet. Das Internet hat in diesem Bereich einen hohen Stellenwert bekommen. Viele Unternehmen nutzen die Plattformen, um neue Mitarbeiter zu finden. Viele Jobsuchende bedienen sich ebenfalls der zahlreichen Jobbörsen.

Welche Vorteile bietet es Ihnen? Da gibt es schon einige Aspekte, wodurch Sie flexibel und schnell agieren können:

✓ Sie können in den Jobbörsen zu jeder Tageszeit stöbern!

✓ Finden Sie einen passenden Job, ein passendes Stellenangebot, haben Sie meistens die Möglichkeit, sich direkt online zu bewerben!

✓ Sie können die Jobsuche nach Regionen eingrenzen!

✓ Sie haben die Möglichkeit, sich über viele Punkte zum Thema Bewerbung zu informieren!

✓ Sie sind schnell beim Arbeitgeber, einfach schneller als vielleicht Ihr Mitbewerber.

Seien Sie aktiv! Drucken Sie sich Stellenangebote aus, wenn Sie etwas Passendes gefunden haben und bewerben Sie sich schriftlich, bewerben Sie sich direkt online. Sie können zunächst anrufen, um nachzufragen, ob die Position noch frei ist oder um weitere Informationen zu bekommen. So haben Sie den ersten Eindruck gemacht; den ersten Kontakt aufgenommen.

Wichtig ist auch hier der Hinweis, in welcher Börse haben Sie die Ausschreibung gefunden, wo sind Sie auf das Angebot aufmerksam geworden.

Welche Jobbörsen sind aktuell im Moment:

- ✓ www.monster.de - früher nur für Führungskräfte, die auf der Karriereleiter weiter wollten, heute für alle Jobsuchenden

- ✓ www.evita.de - eine Plattform der Post, zusammengefasst sind dort viele einzelne Jobbörsen

- ✓ www.jobpilot.de - aktiv und übersichtlich

- ✓ www.meinestadt.de - Vorteil ist die regionale Eingrenzung

- ✓ www.stellenanzeigen.de

- ✓ www.stepstone.de

- ✓ www.suchbasis.de - ein Jobroboter der Deutschen Angestellten-Akademie, der mehrere Jobbörsen vereint und Ihnen passende Stellenangebote nach Ihren Suchkriterien zuweist.

- ✓ und noch viele mehr... (35-40 Jobbörsen sind bereits im Pool der DAA auf www.suchbasis.de zusammengefasst.)

Halten Sie die Augen und Ohren offen. Es entstehen immer wieder neue Börsen. Sie werden häufig auch in den Medien propagandiert. Sie können bei den meisten Jobbörsen wie zum Beispiel jobpilot.de auch Ihr Profil hinterlegen. Sie geben praktisch ein Stellengesuch auf, das ist für Sie als Jobsuchender kostenfrei. Sie pflegen Ihren Lebenslauf ein und geben ein, was Sie suchen, welche Qualifikationen Sie haben. Sie erhalten regelmäßig in bestimmten zeitlichen Abständen adäquate Stellenangebote per Mail zugeschickt, die auf Ihr Profil passen. Sie haben dann die Möglichkeit, wenn es passt, sich dort zu bewerben. Ein Service für Jobsuchende, den jeder kostenlos in Anspruch nehmen kann. Sie brauchen nur eine E- Mail – Adresse.

Wenn Sie die Möglichkeit haben und bei der DAA, Deutschen Angestellten Akademie eine Weiterbildung machen können, dann nutzen Sie den Jobroboter. Eine Suchmaschine, die eigens für die DAA entwickelt wurde. Sie weist Ihnen Jobangebote zu, die auf Ihr Profil zugeschnitten sind. Hinterlegt sind mehr als 35 Jobbörsen, die regelmäßig abgeglichen und durchsucht werden. Sie haben eine enorme Zeitersparnis. Des Weiteren hinterlegen Sie dort Ihre komplette Bewerbungsmappe, die Sie dann nutzen können zum Versenden Ihrer Bewerbung per E-Mail oder per Post.

Viele, viele Möglichkeiten, nutzen Sie sie – es ist zu Ihrem Vorteil, nur dann sind Sie erfolgreich. Ich höre immer von meinen Teilnehmern, wenn Sie den ersten Tag in meinem Bewerbungstraining sind, „das habe ich schon gehabt...", „das brauche ich nicht mehr..." – sie hören einige Zeit zu und auf einmal kommt die Info „das finde ich doch interessant, ich möchte mitmachen" und schon sind sie dabei. Wichtig ist, dass Sie immer offen sind für neue Dinge, andere Meinungen aufnehmen, verschiedene Erfahrungen sammeln...

So, nur beachten Sie bitte eine Sache! Die Jobbörsen
können Sie auch nur nutzen, wenn Sie Ihre Bewerbung
stehen haben. Finden Sie Jobs, dann heißt es
„jetzt bewerben". Ob Kurzbewerbung, ob E-Mail-
Bewerbung, ob online-Bewerbung – Ihre Unterlagen
sollen stimmen und vor allen Dingen überzeugen.

Das Bewerbungsanschreiben

Was ist das Wichtigste zu Beginn Ihrer Unterlagen? Was
entscheidet darüber, ob der Arbeitgeber sich Ihre
Bewerbungsmappe anschaut, weiter durchliest oder ob
er Sie direkt an die Seite legt und aussortiert? Richtig –
das Anschreiben.

„Sie erhalten niemals eine zweite Chance, einen ersten Eindruck zu machen!"

Das Anschreiben entscheidet darüber, ob der
Personalentscheider Ihre Bewerbung beachtet und weiter
prüft. Schaffen Sie es, Interesse zu wecken, klappt es
auch mit einer Einladung zu einem Interview, einem
Vorstellungsgespräch.

Ich stelle in meinen Trainings immer wieder fest, dass
wir im Sprachgebrauch so eingefahren sind. Wir nutzen
die gleichen Phrasen, die gleichen Worte wie viele von
unseren „Mitbewerbern".

Was denken Sie, wie viele Bewerbungsschreiben mit den
Worten „...mit großem Interesse habe ich Ihre
Stellenanzeige in der ... – Zeitung gelesen." beginnen? 90
Prozent oder gar 95 Prozent? Vor vielen Jahren waren es
die Worte „Hiermit bewerbe ich mich um ...", heute ist es
„mit großem Interesse oder mit Interesse...". Nur weil Sie
es gelesen haben oder „man" (Frau auch ☺) hat gesagt,
das wird so formuliert?

Achten Sie auf die Sprache? Auf klare und deutliche
Ausdrucksweise? Auf den Einsatz der positiven Sprache?
Was ist die positive Sprache, fragen Sie sich sicherlich?

Es ist nicht die Umgangssprache, die wir uns im Laufe
unseres Lebens angeeignet haben. Fragen Sie Ihre
Kinder, sie können Ihnen sicher eine Antwort darauf
geben, denn Sie sind noch nicht so eingefahren wie wir
Erwachsenen... Sie denken nicht in Grenzen,
überschreiten sie auch gerne und öfter. Uns fällt es
schwer!

Was möchten die Personalleiter erkennen, wenn Sie eine
Bewerbung in der Hand haben? Engagement,
Durchsetzungsvermögen – da hat sich jemand Mühe
gegeben; er interessiert sich als ein Kandidat für unser
Unternehmen!

„Wie schaffe ich es", fragen Sie sich sicherlich jetzt.
Ganz einfach – eine Bewerbung schreiben und
formulieren ist Arbeit; es ist ein Fulltime-Job, wenn Sie
ihn optimal ausführen möchten.

Also nehmen Sie sich Zeit, wenn Sie ein
ausgeschriebener Job wirklich interessiert. Zunächst ist
es wichtig, dass Sie die Normen für einen Geschäftsbrief
kennen, die aktuellen...! Sie finden diese Richtlinien
unter www.DIN5008.de. Dort können Sie nachlesen, was
Sie zu beachten haben, wenn Sie das Anschreiben
kreieren - formal.

Es gelten verschiedene Richtlinien zur Erstellung eines
Briefes, auch im Anschreiben für eine Bewerbung. Es
beginnt mit der Erstellung eines eigenen Briefkopfes, des
Absenders. Sicher ist es ausreichend, wenn Sie im Beruf
kein MS-Office benötigen, den Absender links oben zu
platzieren. Wenn Sie im handwerklichen Beruf zu Hause
sind zum Beispiel und sich als Elektriker oder Schreiner
bewerben, ist es bestimmt okay. Wenn Sie jedoch im

kaufmännischen Bereich aktiv sein möchten, zeigen Sie auch, dass Sie im Umgang mit den gängigen PC-Programmen versiert sind.

Das bedeutet, Sie erstellen einen persönlichen Briefkopf, nutzen unter „Ansicht" in WORD die „Kopf- und Fußzeile", um Ihre Absenderdaten einzugeben und optisch ansprechend zu gestalten.

Dazu gehören folgende Angaben:

- ✓ Vor – und Zuname
- ✓ Straße mit Hausnummer
- ✓ PLZ und Wohnort
- ✓ Telefonnummer
- ✓ Mobiltelefon
- ✓ E-Mail

Warum diese ganzen kompletten Daten? Damit Sie erreichbar sind, wenn ein Termin zu einem Interview vereinbart werden soll. Angenommen, Sie sind den ganzen Tag unterwegs. Die Sekretärin, die den Termin mit Ihnen vereinbaren soll, hat einen Acht-Stunden-Tag. Sie erreicht Sie nicht unter dem Festanschluss, da Sie zu dieser Zeit nicht zu Hause sind. Eine Chance ist vergeben! Machen Sie es ihr einfach, indem Sie ihr die Möglichkeit geben, für sie erreichbar zu sein!

Sie können Ihre Absenderdaten zentrieren, rechts bündig oder links bündig setzen. Wohnort lassen Sie in der Kopfzeile und die Kontaktdaten setzen Sie in die Fußzeile, auch das ist möglich. Ihrer Fantasie und Kreativität sind keine Grenzen gesetzt... Das hört sich übertrieben an, sicherlich gibt es Grenzen, denn es handelt sich um einen Geschäftsbrief. Unterstreichen Sie die Kopfzeile und grenzen Sie die Fußzeile ebenfalls von dem eigentlichen Brief optisch ab, es gibt gestalterisch einige Variationen – versuchen Sie es! Einige Beispiele und Muster finden Sie auf den letzten Seiten meines Buches, im Anhang.

Optimal ist es, wenn sich der Briefkopf auf den weiteren Seiten Ihrer Bewerbung widerspiegelt, auf jeder Seite zu finden ist. Das ist die „Corporate Identity" (CI genannt). Das gehört zum Marketing, in diesem Fall Selbstmarketing!

Jetzt geht es weiter mit den Empfängerdaten. Firmenname, Name des Ansprechpartners – Vor- und Zuname, wenn er bekannt ist. Bitte ohne „z. Hd.", einfach nur Herrn Peter Pan oder Frau Annette Holle ... Wenn Sie keinen Namen haben, was schade ist, dann die Abteilung, Personalabteilung. Eventuell gehört auch ein Titel dazu...
Danach folgt die Straße mit Hausnummer oder Postfach. Falls eine Kennziffer angegeben ist, auch diese in eine Zeile, bevor die Straße aufgeführt wird. Und nun bitte keine Leerzeile, es kommt direkt in der nächsten Zeile die Postleitzahl und die Stadt, ohne Länderangabe wie D vor der PLZ für Deutschland oder A für Österreich – das fällt ebenfalls weg nach der DIN 5008. Das Feld für die Angaben zum Empfänger ist so platziert, dass die Anschrift im Fenster eines Fensterumschlages zu sehen ist!
Ein Beispiel:
    Firma XY GmbH
    Frau Susan Holly
    Himmelreichsweg 1
    55007 Pforte

Bei der Angabe des Datums schreiben Sie den Ort und „ ,
den..." nicht mehr, wie es bisher oder vor einigen
Monaten noch üblich war, „Frankfurt, den 10. Juli 2008"
ist out. Aktuell ist das Datum pur wie 10. Juli 2009 oder
10.07.2009. Es ist jetzt die Optik ein Thema, entscheiden
Sie es für sich, ob Sie den Monat ausschreiben oder acht
Zahlen als Datum hinschreiben. Wie gefällt es Ihnen?
Wie passt es zu Ihrem Stil?

Es folgt die „Betreffzeile". Ich schreibe bewusst
„Betreffzeile", da wir das Wörtchen „Betreff" natürlich
nicht mehr vor die Bezugnahme schreiben. Sie denken
vielleicht „Das weiß doch nun schon jeder!" – nein, es
weiß noch nicht jeder. Ich sehe immer noch
Bewerbungen, wo es aufgeführt ist. Sie schreiben einfach
hin, was der Ausschlag für diese Bewerbung war; zum
Beispiel:

„Ihre Anzeige in der Wetterauer Zeitung vom 12. April
2007". Die Zeile oder die Zeilen – ist es eine oder sind
es zwei – können lauten:

- ✓ Ihr Stellenangebot in der Himmelreich – Zeitung
  vom 03. August 2007

- ✓ Unser gestriges Telefongespräch

- ✓ Ihre Anzeige im Internet in der www.suchbasis.de

Es können, wie bereits oben erwähnt, auch zwei Zeilen
sein:

Ihr Stellenangebot in der B-Zeitung am 23. Mai 2009
Unser Telefongespräch am 24. Mai 2009

Was halten Sie davon, die sogenannte Betreffzeile in die Anrede und den Textanfang zu integrieren? Wie kann es aussehen, fragen Sie sich sicherlich. Ich gebe Ihnen eine Anregung, liebe Leser. Ist ganz interessant – eine Möglichkeit auf sich aufmerksam zu machen.

„Wer nicht wagt, der nicht gewinnt!"

Wichtig ist es natürlich, dass es zu Ihrem Briefstil und vor allen Dingen zu Ihnen passt.

Ihre Stellenanzeige in der Himmelreich – Zeitung,

sehr geehrter Herr Mondschein,

hat meine Aufmerksamkeit auf Ihr Unternehmen gelenkt.

Setzen Sie dabei die „Betreffzeile" in **FETT**-Buchstaben, damit Sie die Augen des Lesers zu Beginn als Start auf die Betreffzeile ziehen. Somit ist es deutlicher gemacht. Beachten Sie bitte dabei, dass die Anrede in diesem Fall „sehr geehrte ..." klein geschrieben wird. „Sehr" beginnt nicht mit dem Großbuchstaben. Das wird schon ´mal übersehen!

Was ist noch wichtig bei der Anrede? Wenn Sie in der Adresse des Empfänger einen Namen vermerkt haben, benutzen Sie natürlich in der Anrede im Brief nicht „sehr geehrte Damen und Herren" sondern „sehr geehrter Herr ´Name`"; das passt! Wenn Sie keinen Ansprechpartner haben, schreiben Sie natürlich „sehr geehrte Damen und Herren". Wenn ein Doktor-Titel vermerkt ist, dann bitte „sehr geehrter Herr Dr. Müller-Lüdenscheid". Laut Knigge verzichte ich nur auf den Doktortitel, wenn er mit seitens des Inhabers erlassen wird – egal, ob es sich um eine persönliche Ansprache oder um eine schriftliche Anrede handelt.

Kurze Zwischeninfo: Leerzeilen zwischen Betreffzeile und Anrede! Nach der Anrede ein Komma, eine Leerzeile und dann beginnt unser Text – nicht vergessen, Kleinschreibung; Ausnahme – Sie beginnen mit einem Nomen, einem Hauptwort. Häufig startet Word mit Großschreibung automatisch zu Beginn einer neuen Zeile, deshalb ACHTUNG!

Unsere größte Herausforderung folgt jetzt, der Einstieg von unserem Bewerbungsanschreiben!

Also auch hier gilt: Schaffen Sie es, damit direkt Interesse zu wecken für Ihre Person, dann wird Ihre Bewerbung berücksichtigt. Wenn nicht, legen sie es bestimmt schnell wieder an die Seite. Beim Telefon ist es ebenso: schaffen Sie es, mit Ihrem Gesprächseinstieg das Interesse des Zuhörers zu wecken, dann hört er Ihnen auch zu. Ansonsten werden Sie sicher direkt abgeblockt und unterbrochen- das Gespräch ist beendet.
Vor vielen Jahren haben wir ein Bewerbungsanschreiben mit den Worten „Hiermit bewerbe ich mich um eine Stelle als …" – die Zeiten sind vorbei, es ist OUT. Ganz erfinderisch und kreativ haben wir es dann geändert! Heute beginnen viele Schreiben zu einer aussagefähigen Bewerbung mit den Worten „Mit großem Interesse habe ich Ihre Anzeige in der WZ gelesen…" oder „Mit Interesse …". Ich schätze, anhand der Bewerbungsunterlagen, die ich tagtäglich studiere, fangen 90% der Bewerbungsanschreiben mit diesen Worten an. Ist das kreativ? Ist das einfallsreich und individuell?

Überlegen Sie doch, bevor Sie starten, eine Bewerbung zu erstellen, was interessiert mich an der Stellenausschreibung? Durch was bin ich darauf aufmerksam geworden und formulieren Sie es einfach mit einfacher Ausdrucksweise. Es ist nicht schwer, einen Brief zu schreiben, indem Sie mitteilen, dass Sie Interesse an etwas haben, an einer Mitarbeit in dem Unternehmen zum Beispiel. Es ist nicht notwendig, sich dabei extravagant, außergewöhnlich, umständlich … auszudrücken. Unsere Sprache, die deutsche Sprache, ist vielseitig, besitzt viele Worte, die wir nutzen können, um uns auszudrücken. Wir haben einfach vieles, vieles in dem Bereich verlernt. Sicher liegt es auch daran, dass wir für viele Dinge ausländische, englische Ausdrücke wählen, um einfach IN zu sein – okay! Ist zeitweise auch angesagt, je nachdem, was für ein Ziel ich habe. Es ist daher umso erfrischender, wenn ich als Personaler ein Anschreiben vorliegen habe, indem ich feststelle „Hier hat sich ein Bewerber damit auseinander gesetzt und ganz klar sowie aussagekräftig formuliert." Das zeigt mir, dass derjenige wirklich Interesse hat, Zeit aufgewendet hat, um seine Bewerbung zu erstellen. Es ist ihm wichtig! Das zeigen Sie, das drücken Sie aus!

Wir haben es verlernt, die positive und lebendige Sprache zu verwenden. Wir werden gleich verstärkt auf die positive Ausdrucksweise eingehen. Zunächst die Einstiegsmöglichkeiten und die Inhalte eines Anschreibens…

Tipp Nummer 1: Studieren Sie die Anzeige der Firma genau. Überlegen Sie, ob es eine Möglichkeit gibt, einen Part daraus zu übernehmen, um Ihr Anschreiben zu beginnen. Ich nenne Ihnen ein Beispiel (das lesen Sie sicher häufiger, denn die Stellenanzeigen sind alles andere als interessant und einfallsreich gestaltet in den Zeitungen):

Am Ende eines Stellenangebotes lesen Sie folgendes: „… wenn Sie Interesse haben, in unserem Team mitzuarbeiten, senden Sie uns Ihre aussagefähige Bewerbung …"

Greifen Sie dieses auf und starten Sie in Ihrem Anschreiben wie folgt:

- „Gerne möchte ich in Ihrem Team mitarbeiten!"

- „Ich möchte Ihr Team erfolgreich unterstützen…"

- „Als engagierter und zuverlässiger Mitarbeiter macht es mir Spaß, in Ihrem Team mitzuarbeiten."

Sie sehen, es ist gar nicht so schwer. Wenn Ihnen das nicht zusagt, schauen Sie, ob es einen Slogan gibt, mit dem die Firma wirbt, mit dem Sie auf sich aufmerksam macht. Wenn in der Anzeige keiner zu finden ist, schauen Sie sich die Homepage an. Es ist wichtig, bevor Sie sich bewerben, die Homepage zu studieren. So wissen Sie, was das Unternehmen macht, Sie bekommen einen ersten Eindruck von der Firma. Sie haben somit eine erste Verbindung zwischen Ihnen und dem Unternehmen hergestellt. So fällt es Ihnen sicher noch leichter, ein Anschreiben zu erstellen.

Die DiBa baut ihre Werbung mit dem Basketballstar Dirk
Nowitzki auf. Wenn Sie sich bei der DiBa bewerben,
nutzen Sie diese Werbebotschaft,

Beispiel:
„… nicht nur, weil ich ein Dirk Nowitzki - Fan bin,
sondern auch weil ich die DiBa als innovatives
Unternehmen schätze, stelle ich mit bei Ihnen vor …“

Es gibt viele Varianten das Bewerbungsanschreiben zu
beginnen, so zu beginnen, um auf sich aufmerksam zu
machen. Unsere deutsche Sprache bietet viel, nutzen wir
es.

Schreiben Sie zu Beginn als Einstieg etwas zu Ihrer
jetzigen Situation, Familienpause oder Arbeitslosigkeit!
Wenn es einen langen Zeitraum in Ihrem Leben
beansprucht, haben Sie keine Chance es zu
verheimlichen. Also stehen Sie dazu, geben Sie damit
offen um.

Erstens: wir brauchen Kinder – kümmern Sie sich auch
um sie! Das ist Ihre Aufgabe in dem Moment der
Familienzeit und prägt Ihre Lebenserfahrung.
Wenn Sie einige Jahre ausgesetzt haben, heißt es noch
lange nicht, dass Sie für den Arbeitsmarkt nicht mehr
interessant sind. Es wird überall nur mit Wasser gekocht.
Denken Sie an die Werbung von Vorwerk
          „Ich leite ein kleines erfolgreiches
                Familienunternehmen“.

Wenn Sie einige Jahre keine Arbeit gehabt haben
aufgrund unterschiedlicher Geschehnisse, dann ist es
keine Schande, keine Seltenheit mehr im jetzigen
Jahrhundert. Nehmen Sie den Personalleitern „den Wind

aus den Segeln"; zeigen Sie ihnen, dass Sie trotz der
Arbeitslosigkeit, trotz Familienpause noch ein adäquater
Partner für einen Arbeitgeber sind – auf Ihre Einstellung
kommt es an. Diese Einstellung, diese Motivation will
ich als Arbeitgeber sehen und erkennen. Das erkenne ich
anhand von Formulierungen, anhand der Worte, die Sie
nutzen.

Ein Beispiel für einen solchen Start zu einem
Bewerbungsanschreiben:

- ✓ „…wenn Sie glauben, dass eine zweijährige
  Arbeitslosigkeit jegliche Motivation und
  Arbeitsbereitschaft zerstört, dann möchte ich Sie
  mit diesem Schreiben vom Gegenteil überzeugen
  – am liebsten in einem persönlichen Gespräch,
  doch zunächst in schriftlicher Form."

Der Bewerber spricht das Thema direkt und offensiv an.
Er betont, das ist wichtig, dass er leistungswillig und
motiviert ist, Leistung und Einsatz zu bringen. Es zeigt
eindeutig die Integrität des Menschen, der eine Arbeit
sucht, einen neuen Einstieg möchte.

- ✓ „Als belastbarer Mitarbeiter mit
  Organisationstalent möchte ich mich bei Ihnen
  vorstellen. Mein Familienmanagement ist
  erfolgreich abgeschlossen, so dass ich direkt
  einsetzbar bin."

- ✓ „Mein Organisationstalent habe ich im
  erfolgreichen Familienmanagement unter Beweis
  gestellt. Jetzt bin ich für den Arbeitsmarkt als
  belastbarer Mitarbeiter wieder einsatzbereit."

Sie bekommen eine Zeitung mit Stellenanzeigen, die
bereits 14 Tage als ist – sind die Angebote an
Arbeitsstellen noch aktuell? Ansonsten kann es sein, dass
Sie sich die Arbeit für das Erstellen der Bewerbung
machen und die Vorstellungsgespräche laufen bereits. Sie
erhalten die Unterlagen direkt zurück. Um dieses Risiko
zu umgehen, rufen Sie vorher an und fragen Sie nach, ob
die Stelle noch vakant ist. Dann haben Sie einen großen
Vorteil, wenn Sie sich an Ihr Anschreiben wagen: Sie
brauchen nicht mehr so viel Kreativität für den Einstieg!
Sie nutzen einfach das Telefongespräch und beziehen
sich darauf.

Dafür haben Sie natürlich für das Telefonat die Zeit der
Vorbereitung gehabt, um einen positiven Eindruck am
Telefon zu machen. Denn einfach nur „mal eben
anrufen" ist nicht der richtige Weg. Wichtig auch hier –
professionell! Dazu jedoch mehr in meinem zweiten
Buch … ☺!

Sie haben angerufen, die Bewerbungen laufen noch, Sie
haben die Chance, Ihre Bewerbung noch zu senden. Ein
Einstieg zu Ihrem Anschreiben:

- ✓ „…vielen Dank für das gestrige Telefongespräch!
  Wie besprochen sende ich Ihnen meine
  Bewerbungsunterlagen."

Eine offene und engagierte Art, die ersten Sätze zu
formulieren. Besser als „Ich wollte mich zunächst für das
Telefongespräch bedanken." Machen Sie es, bedanken
Sie sich doch – dann ist „Ich wollte mich …" die falsche
Ausdrucksweise.

Eine andere Variante ist ebenfalls, wenn Sie Ihre
Bewerbung einige Tage nach Erscheinen der Anzeige
erst senden

  ✓ „… nachdem die erste Flut an Bewerbungen auf
     Ihre Anzeige in der Süddeutschen Zeitung vom
     … vorüber ist, möchte ich Ihnen gerne meine
     Unterlagen präsentieren.“

Weitere Anregungen für einen Einstieg aufgrund eines
Stellenangebotes in der Zeitung oder im Internet/einer
Jobbörse:

  ✓ „…Ihre Anzeige hat mich neugierig gemacht.“

  ✓ „…in Ihrer Anzeige beschreiben Sie einen
     Arbeitsbereich, der mich sehr interessiert.“

Was nutzen Sie, wenn Sie kein Angebot haben, wenn Sie
sich initiativ bewerben, d.h. aus eigener Initiative stellen
Sie sich bei Unternehmen vor, um eine Anstellung zu
finden. Viele von Ihnen kennen es noch unter der
Bezeichnung „Blindbewerbung“; heute nennen wir es
Initiativbewerbung. Experten gehen davon aus, dass 20-
30 % der Arbeitsplätze initiativ erobert werden.

Wie können Sie in dem Fall mit einem Anschreiben
starten? Auch hier ist es natürlich optimal, wenn Sie
zuvor anrufen und eruieren, wer ist der Ansprechpartner?
So haben Sie die Chance, die Bewerbung an die richtige
Person zu senden; die persönliche Ansprache ist da.
Wenn Sie das Telefon nicht nutzen, schreiben Sie an die
Personalabteilung oder an die Geschäftsleitung. Wenn
Sie auf der Homepage schauen, finden Sie eventuell auch
die Ansprechpartner – nutzen Sie diese
Informationsquelle.

Einstiegsbeispiel für eine Initiativbewerbung:

- ✓ „… ich bin Maschinenbau-Ingenieurin und habe großes Interesse an einer Tätigkeit in Ihrem Unternehmen."

- ✓ „…als Sachbearbeiterin für den Bereich Rechnungswesen stelle ich mich bei Ihnen vor. Ich suche eine neue berufliche Herausforderung…"

Der Einstieg ist geschafft, jetzt geht es darum, was Sie für Qualifikationen haben, welche persönlichen Eigenschaften haben Sie in Ihrem Beruf vorzuweisen? Hier geht es nicht darum, welche Tätigkeit Sie von wann bis wann ausgeübt haben. Es ist wichtig aufzuführen, welche Erfahrungen Sie in Ihrer beruflichen Laufbahn gesammelt haben und welche davon können Sie für die ausgeschriebene Position oder für das Unternehmen gezielt einsetzen! Wenn Sie bei Ihrer Bewerbung eine Stellenanzeige als Basis haben, setzen Sie die aufgeführten Anforderungen Ihren Qualifikationen gegenüber – wichtig! Auch das ist ein Zeichen, dass Sie Ihre Bewerbung nicht als Serienbrief an viele beliebige Unternehmen senden.

Dieser Absatz, der über Ihre Person informiert, kann wie folgt aussehen:

- ✓ „Kurz zu meiner Person: ich war in einem Unternehmen der Förder- und Lagertechnik tätig. Dabei umfasste mein Aufgabengebiet die Bereiche Bauplanung, Arbeitsplatzgestaltung und Organisation …"

✓ „Ich blicke auf eine fünfjährige
Berufserfahrung in der Marketingabteilung
einer führenden Lebensmittelkette zurück.
Meine fachliche Qualifikation bezieht sich
auf das gesamte Tätigkeitsfeld der
Marketingabteilung eines Großunternehmens
wie
  o Erstellung von Marktanalysen
  o Umsetzung der CI in einem
    Unternehmen
  o Planung und Durchführung von
    Werbekampagnen.“

✓ „Als Sachbearbeiterin mit bisherigen
Schwerpunkten in der Kreditoren- und
Debitorenbuchhaltung erfülle ich fachlich die
von Ihnen erwarteten Voraussetzungen :
  o Kenntnisse in der Software KHK
  o perfekter Umgang mit MS-Office …“

✓ „Zu meinen Fachkenntnissen gehören
unternehmens- und vertriebsbezogenes Marketing
speziell für die Raumbegrünung. Ich bin gelernter
Gärtner…“

Sie sehen, es gibt viele Möglichkeiten, das Anschreiben,
die Qualifikationsbeschreibungen individuell und
aussagefähig zu beschreiben. Was fehlt noch? Hard-
Skills sind aufgeführt, es fehlen noch die Soft-Skills, die
weichen Faktoren. Welche persönlichen Stärken haben
Sie, die für den Job interessant und wichtig sind?

Einige Beispiele für Sie als Anreiz für Ihre Gedanken, für Ihre Ideen:

- ✓ „Meine Arbeitsweise zeichnet sich aus durch Zuverlässigkeit und Zügigkeit – Eigenschaften, die ich auch in den vergangenen Jahren nicht verloren habe."

- ✓ „…bisher ist es mir auch in schwierigen Situationen gelungen, eine für möglichst alle Parteien zufrieden stellende Lösung zu finden."

- ✓ „Ich bin eine flexible und zuverlässige Mitarbeiterin. Durch meine lange Berufs- und Lebenserfahrung sowie Ausbilderbefähigung bin ich im Umgang mit Menschen diplomatisch und sicher. Ausdauernd und hoch motiviert erschließe ich mir neue Aufgabenstellungen, um sie im Sinne der vereinbarten Unternehmensziele erfolgreich zu lösen."

- ✓ „Ich bin flexibel einsetzbar und daran interessiert, Neues zu lernen. Ich arbeite zielstrebig und selbstständig."

- ✓ „Meine Handlungsweise ist geprägt vom Umgang mit Menschen sowie dem Streben nach optimaler Dienstleistung und größtmöglicher Zufriedenheit des mir anvertrauten Gastes. Dabei wird mein Denken durchaus auch von betriebswirtschaftlichen Zahlen bestimmt."

- ✓ „Durch verschiedene Aufgaben, die ich als … bereits erfolgreich bearbeitet habe, werden meine Lernbereitschaft und meine Fähigkeit,

Problemstellungen unterschiedlichster Art zu
bewältigen, deutlich. Ich bin es gewohnt, sowohl
selbstständig als auch im Team zu arbeiten."

So, liebe Leser und Leserinnen, wie heißt es so schön im
Leben: „Einen starken Einstieg und einen Super-Abgang
…" – das können Sie jetzt verstehen, wie Sie wollen und
wünschen ☺!

Der erste Eindruck ist entscheidend, Interesse geweckt –
ja oder nein? Das, was wir Menschen zum Schluss
wahrnehmen, bleibt am besten in Erinnerung. Also
brauchen wir noch einen eindrucksvollen Abschlusssatz.
Da können wir natürlich nicht punkten mit Sätzen, die im
Konjunktiv, der Möglichkeitsform formuliert sind wie

„Ich würde mich freuen, wenn ich mich bei Ihnen
persönlich vorstellen dürfte."

Sie haben das Anschreiben engagiert und selbstbewusst
formuliert, und nun gehen Sie zum Konjunktiv über –
eine Ausdrucksform, die eher Unsicherheit Inkompetenz
zum Ausdruck bringt.

Was halten Sie davon?
- ✓ „Ich freue mich auf eine positive Nachricht."
- ✓ „Ich freue mich auf eine Einladung zu einem
  Vorstellungsgespräch."
- ✓ „Gerne stelle ich mich bei Ihnen persönlich vor
  und freue mich auf Ihren Terminvorschlag."

Sie sehen, ganz klar und deutlich, vor allen Dingen
selbstbewusst ausgedrückt. Das klingt wie jemand, der
den Job unbedingt haben möchte, der es auch ehrlich
meint. Wenn Sie in der Stellenausschreibung den Zusatz

haben „Bitte senden Sie uns Ihre aussagefähigen
Bewerbungsunterlagen mit Angabe von Ihren
Gehaltsvorstellungen sowie frühestem Eintrittsdatum an
…“

… dann gehören diese Angaben ebenfalls in das
Anschreiben. Wo bekommen Sie Gehaltsinformationen
her? Lauf ich nicht Gefahr, mich dadurch aus dem
Rennen zu werfen? Das sind sicherlich Fragen, die bei
Ihnen auftreten. Seien Sie unbesorgt, wenn Sie statt der
Angaben schreiben „Das Gehalt möchte ich gerne in
einem persönlichen Gespräch mit Ihnen abstimmen“,
sind Sie ebenfalls nicht gefestigt im Rennen und werden
mit großer Wahrscheinlichkeit aussortiert -
unvollständig! Wenn die Angaben gewünscht sind, geben
Sie diese auch an, da gibt es keine Diskussion.

Sie haben heute viele Möglichkeiten, sich diese
Informationen aus dem Internet zu besorgen. Es ist alles
teuer geworden. Sie sollten schon wissen, was Sie
monatlich brauchen, um morgens aufzustehen und zur
Arbeit fahren zu können. Beziehen Sie Stellung und
nennen Sie Ihren Preis. Wir gehen nun darauf ein, wie
Sie am besten eruieren, wie Sie diesen Bereich
formulieren und darstellen können. Bitte beginnen Sie
nicht mit dem Gedankengang, was Sie zuletzt verdient
haben vor fünf oder zehn Jahren. Das ist vorbei. Die
Gehaltsstruktur hat sich geändert. Tarife sind sicher
Richtlinien. In Betrieben, die zu einer Gewerkschaft
zugeordnet sind, wie z.B. die Metall verarbeitenden
Unternehmen zur IG Metall, ist dieser sicher bindend.
Doch wir hören es immer wieder, dass auch hier
Unternehmen „aussteigen“ und ihren eigenen Lohn- und
Gehaltstarif wählen. Banken haben zum Beispiel ihren
eigenen Haustarif. Sie ist an keinen Bankentarif mehr

gebunden, sodass sich auch dort das Gehaltswesen nach unten verschoben hat.

Was heißt es für Sie? Was bedeutet es für Sie beim Thema „Welche Gehaltsvorstellung gebe ich ab?" Zunächst ist es wichtig, im Internet etwas zu recherchieren, damit Sie einen Überblick erhalten, was in welcher Branche, in welchem Beruf im Durchschnitt verdient wird. Als zuverlässige Quelle empfehle ich Ihnen folgende Homepages:

www. boeckler. de und www. sueddeutsche.de

Bei www.boeckler.de gehen Sie auf der Seite über das „WSI-Tarifarchiv" zu „Wer verdient was?" und über „Berufe A-Z". Ebenso finden Sie dort Ausbildungsvergütungen sowie die Branchenauflistung. Wenn Sie über das WSI-Tarifarchiv gehen, gibt es einen Brutto-Netto-Rechner. Dort haben Sie die Möglichkeit, sich direkt ausrechnen zu lassen, was Ihnen bei dem errechneten notwendigen Bruttoverdienst, bei Angaben von Lohnsteuerklasse, Kinder, Krankenversicherungsberechnungssatz, Netto ausgezahlt wird am Monatsende.

Eine optimale Arbeitsgrundlage, um die Frage nach den Gehaltsvorstellungen beim Vorstellungsgespräch beantworten zu können und ebenso eine Angabe im Bewerbungsanschreiben zu diesem Thema zu machen.

Bei www. sueddeutsche.de sieht es wie folgt aus:
Karriere - Job & Karriere - Gehälter ABC - Berufe A—Z – Gehaltsrechner -Berufe und Branchen - Brutto-Netto-Rechner – Einstiegsgehälter

Die Quellen zeigen Ihnen die aktuellen Gehaltsstrukturen
in den jeweiligen Berufen, in den jeweiligen Branchen, in
den Regionen sowie in West und Ost. Schauen Sie, was
aktuell gezahlt wird im Durchschnitt, was bleibt dabei
netto für Sie monatlich übrig. Kommen Sie damit hin?
Reicht es Ihnen zum Leben? Schlagen Sie noch einen
gewissen Anteil auf Ihre Gehaltsvorstellung drauf oder
reduzieren Sie es noch aus diversen Gründen? Das
entscheiden allein Sie. Wenn Sie Ihren Preis ermittelt
haben, rechnen Sie Ihre Vorstellung auf
Jahresbruttoeinkommen um. Es ist sinnvoll, die
gewünschte Gehaltsvorstellung auf das Jahr gerechnet
anzugeben. Unternehmen budgetieren ihr Personal in
Jahresgehältern, auf das Jahr gerechnet „Was kostet mich
ein Mitarbeiter pro Jahr?" oder „Was zahle ich in der
Position X pro Jahr an Gehalt?"

Ein Beispiel:
Sie möchten als Sachbearbeiterin im Personalwesen bei
Vollzeitanstellung 2.000.--€ Bruttoeinkommen monatlich
verdienen. Dazu geben Sie bei Ihrer Gehaltsvorstellung
an: „Meine Gehaltsvorstellung liegt bei 24.000.--€
Jahresbruttoeinkommen."

Sie arbeiten als Floristin und haben eine Vorstellung von
monatlich 1.600.--€ Bruttoeinkommen. Sie möchten noch
Weihnachts- und Urlaubsgeld einplanen. Darum gehen
Sie von 13 Gehältern pro Jahr aus und geben Ihren
Verdienst mit 20.800.--€ bzw. aufgerundet 21.000.--€
brutto pro Jahr an.

Sie sehen, auch hier ist es wichtig, nicht irgendetwas „aus
dem Ärmel" zu schütteln und anzugeben. Es ist schon
wichtig, Stellung zu beziehen und eine verbindliche
Angabe zu machen. Denn, was hilft es Ihnen, wenn Sie

diese Zahl im Anschreiben angegeben haben, und Sie stellen nachher fest, dass es zu wenig ist und Sie am 20. des Monats kein Geld mehr haben? Wie kommen Sie dann zur Arbeit ohne Geld für Benzin? …ohne Geld für die Fahrkarte? …mit dem Fahrrad? Sie werden nach Ihren Angaben eingestuft.

Selten ist es, dass ein Unternehmen sagt: „Bei uns wird die Position mit 2.000.--€ monatlich brutto geführt. Sie bekommen 400.--€ mehr im Monat." Leider - die Realität ist eher umgekehrt. Haben Sie keine Angst, sich „raus zu kicken" durch zu hohe Angaben, zu hohe Einstufungen. Das kann auch andere Gründe haben, dass Sie nicht in die engere Wahl gekommen sind. Über das Thema Geld kann der Personalchef sich mit Ihnen unterhalten, wenn Sie ein Kandidat für die Firma dar stellen. Wenn Sie jetzt immer noch schwanken, gehen Sie auf „Nummer sicher" und formulieren Sie Ihre Gehaltsvorstellung so „Meine Gehaltsvorstellung liegt zwischen 20.000.--€ und 24.000.--€ Jahresbruttoeinkommen." Eine mögliche Variante!

Zusätzlich zu den Gehaltsvorstellungen ist in den meisten Fällen der früheste Eintrittstermin gefragt. Überlegen Sie, wann kann und möchte ich starten? Wenn ich angebe „sofort", habe ich keine Atempause zwischen dem jetzigen Job, der jetzigen Aufgabe, der jetzigen Weiterbildung bis zum neuen Anfang für mich eingeplant. Ich bekomme offiziell in den ersten sechs Monaten keinen Urlaub. Dann legen Sie sich auf ein Datum fest. „Ich stehe Ihnen ab 01. Februar 2009 zur Verfügung…". Nein, STOPP – nicht wirklich! Denken Sie an die positive Ausdrucksweise. Sie sind ein Mensch, kein Möbelstück, was Sie jemandem zur Verfügung stellen können. „Ich bin für Sie ab 15. April 2009 einsatzbereit." Oder „Ich kann ab 01. Februar 2009 bei Ihnen starten." Das klingt auch besser, da geben Sie mir sicher recht.

Fast geschafft …☺ Die Verabschiedung fehlt noch. Das ist klar „mit freundlichen Grüßen" oder auch „freundliche Grüße" und Ihre Unterschrift. Sie haben die Möglichkeit, den Namen - nach ein oder zwei Leerzeichen - nochmals aufzuführen und dann nach dem Ausdrucken handschriftlich über dem gedruckten Namen zu unterzeichnen. Oder Sie lassen es weg und unterschreiben direkt. Bitte gewöhnen Sie sich an, mit Vor- und Zunamen zu unterschreiben. Es ist persönlicher, wirkt offener und optisch positiv.

Mit freundlichen Grüßen

Simona Musterfrau

oder

Freundliche Grüße

(Unterschrift)

Danach noch der Hinweis auf Ihre Anlage. Gemeint ist
nicht Ihre Gartenanlage oder die Parkanlage im Ort.
Gemeint ist der Hinweis auf das, was Sie dem Schreiben
hinzufügen:

   ✓   die Bewerbungsmappe

   ✓   den Lebenslauf

…je nachdem. Es ist nicht notwendig, dass Sie alles
einzeln aufführen wie

                 Lebenslauf
                 Foto
                 Zeugnisse …

Es reicht aus, wenn Sie einfach nur „Anlage" schreiben
oder maximal noch „Bewerbungsmappe" dazu nennen:

                 Anlage:
                 Bewerbungsmappe

                 oder nur

                 Anlage

Geschafft! Sind Sie stolz auf Ihr Werk? Lesen Sie es
nochmals durch. Prüfen Sie es nach Rechtschreibfehlern.
Kontrollieren Sie die optische Gestaltung, die
Aufteilung… Liest es sich interessant und positiv? Geben
Sie es einer Person zum Probe lesen! Dann haben Sie den
wichtigsten, arbeitsintensivsten Part geschafft –
herzlichen Glückwunsch!

Die positive Sprache

Ich habe auf den bisherigen Seiten den Ausdruck
„positive Sprache“ benutzt. Die klare, deutliche
Ausdrucksweise ist gemeint, ohne Konjunktive, ohne
Reiz- und Füllwörter. Uns passiert es immer wieder, dass
wir durch die Umgangssprache diese positive Art zu
kommunizieren vergessen haben. Wir drücken uns in
Konjunktiven aus, und erscheinen dadurch unkompetent,
unverbindlich; Worte wie „würde, könnte, wäre“ geben
keine verbindliche Information.

„Ich würde mich gerne bei Ihnen persönlich vorstellen.“

Zuvor schreiben Sie selbstbewusst und engagiert; im
Schlusssatz nutzen Sie die Möglichkeitsform „Ich würde
mich freuen, wenn ich mich bei Ihnen persönlich
vorstellen könnte.“

Klingt es wie ein Bewerber oder eine Bewerberin, die
unbedingt in dem Unternehmen anfangen möchte?
Glauben Sie bitte nicht, dass die Ausdrucksweise – reden
in Konjunktiven – etwas mit Höflichkeit zu tun hat.
Sicher wurde Ihnen gesagt von Eltern oder Großeltern,
dass Sie nicht mit „der Tür ins Haus fallen können“,
sondern etwas vorsichtig zu erfragen haben. Das ist
höflicher.

Nutzen Sie doch unser Zauberwort BITTE, auch eine
Möglichkeit des „guten Benehmens“! Ich bitte Sie, gehen
Sie bewusster mit Ihrer Sprache um, dass bekommen Sie
auch, was Sie möchten. Sie erreichen mehr, und Sie
fühlen sich auch besser.

Noch ein Beispiel: kein Problem.
Ist doch nicht negativ, oder? Ein Problem hassen wir
Menschen, eine Herausforderung wollen wir bezwingen.
Probleme möchte kein Mensch. Wenn Sie von einem
Kollegen gefragt werden, ob Sie etwas für ihn erledigen,
dann sagen Sie „kein Problem", dann weiß er, Sie
erledigen es. Wie hört es sich an, wenn Sie zu ihm
stattdessen zu ihm sagen „Das mache ich gern für Dich".
Klingt es nicht angenehmer für ihn. Die Bedeutung ist
gleich, nur die zweite Variante ist positiv ausgedrückt.

Wie oft brauchen Sie das Wort „müssen" am Tag? Es ist
Ihnen gar nicht bewusst. Nur „muss" ist immer unter
Druck oder mit Zwang verbunden; Sie setzen sich damit
unter Druck und Ihr Umfeld ebenfalls. Sie müssen nur
eins im Leben…! In allen anderen Dingen haben Sie eine
Wahl. Sie müssen noch eine Bewerbung schreiben; Sie
müssen noch zum Bäcker; Sie müssen noch zum
Friseur… Nein! Sie schreiben noch eine Bewerbung; Sie
fahren noch zum Bäcker, und Sie gehen noch zum
Friseur. Glauben Sie mir, Sie bekommen ein besseres
Gefühl. Ihrem Gesprächspartner geben Sie nicht das
Gefühl, etwas ungern oder unter Zwang zu tun, sondern
Sie machen es gern für ihn.

Zu den so genannten Füllwörtern gehört „eigentlich" –
Sie merken es teilweise gar nicht, dass Sie es sehr häufig
benutzen. Was sagt eigentlich aus? Nichts – keine
konkrete Aussage; stimmt es? Achten Sie einfach auf
Ihre Worte, die Sie den ganzen Tag benutzen. Gehen Sie
bewusster damit um. Sie werden merken, Sie erreichen
mehr, Sie fühlen sich wohler und bekommen noch ein
positives Feedback von Ihrem Umfeld.

Viel Spaß dabei ☺!

Wieder ist die Presse voll von negativen Nachrichten.
Wir kaufen Zeitungen, denn es ist wichtig, dass wir
informiert sind. Wer sagt es? Das, was Sie interessiert,
können Sie nachlesen. Alles andere…? Unwichtig?! Sie
hören Radio und werden dadurch in Kurzform über
einige wichtige Dinge informiert, international, national
und regional. Ist doch ausreichend, oder? Was denken
Sie? Wenn Sie es nicht wissen, dass die Wirtschaft durch
das Bankenchaos einer Krise entgegen geht, passiert
Ihnen auch nichts. Es ändert sich für Sie nichts –
Ausnahme vielleicht, wenn Sie Geld investiert haben
bzw. festgelegt haben.

Wenn Sie es nicht wissen, dass die Telekom 1600
Mitarbeiter entlassen will, da Call Center geschlossen
werden, ändert sich für Sie nichts. Es sei denn, Sie
arbeiten für die Telekom in einem Call Center. Dann
erfahren Sie es jedoch direkt. Eine Prognose im Herbst
2008 vom Kölner Institut für Wirtschaft besagt, dass
jedes zweite Unternehmen in Deutschland 2009
Mitarbeiter entlässt. Eines ist sicher: Ihnen geht es
besser, wenn Sie sich nicht von negativen Nachrichten
verunsichern lassen. Das vielleicht schon morgens mit
der Morgenzeitung… . Ohne die Morgenzeitung haben
Sie die Chance, unbefangen – ohne Denkmuster, ohne
negative Gedanken – den Tag zu beginnen und zu
genießen; Sie gehen Ihren Weg und sind aktiv.

„Die Zeit ist schlecht? Wohlan. Du bist da, sie besser zu
machen.“

Thomas Carlyle, 1795-1881
schott. Essayist + Historiker

Sie können es sehen, wie Sie wollen – letztendlich
kommt es immer auch darauf an, was Sie daraus machen.

Der Lebenslauf

Ebenso ist es mit der Erstellung Ihres **Lebenslaufes**. Sie denken jetzt sicher, was hat es damit zu tun? In meinen Seminaren höre ich von meinen Teilnehmern wieder die unterschiedlichsten Dinge zum Thema Lebenslauf. Neuerungen, Änderungen …; die einen sagen: „Ich denke, der Lebenslauf wird nicht mehr unterschrieben." oder „Berater haben mir gesagt, dass man(n) (Frau auch ☺) mit dem aktuellsten im Lebenslauf beginnt; das heißt, mit dem letzten Arbeitsplatz oder mit der momentanen Weiterbildung." Diese Aussagen ändern sich jährlich. 2001 haben wir den Lebenslauf nicht unterschrieben, 2004 auch nicht …, und so geht es weiter. Es gibt immer wieder Änderungen, die angesagt werden – von wem? Es ist vielleicht so, damit ab und zu etwas anders gemacht werden kann.

Nur Fakt ist, Richtlinien gibt es nicht dafür, die irgendwo („gesetzlich") festgelegt wurden. Lediglich die DIN 5008 existiert, Richtlinien für einen Geschäftsbrief; Regelungen, die wir annehmen sollen, um einfach „up to date" aufzutreten. Also auch für den Lebenslauf gilt: Ideen, Anregungen holen und intuitiv entscheiden, wie ich ihn gestalte. So wie sich Teile der amerikanischen Unternehmenskulturen weltweit durchsetzen, die Internationalisierung und Globalisierung (schönes Wort: internationale Verflechtungen in allen Bereichen) der Wirtschaft immer mehr an Boden gewinnt, so verändert sich natürlich die Bewerbung, die Ansprache der Bewerber an die Unternehmen!

Fangen Sie mit dem aktuellsten, letzten Ereignis in Ihrem Lebenslauf an (internationale Variante) oder wählen Sie die klassische Art (deutsche Version)? Arbeitgeber,

Personalchefs denken darüber in unterschiedlicher
Weise. Einige Menschen haben Schwierigkeiten damit,
die Zahlen rückwärts zu verfolgen; das heißt, wenn Sie
mit dem aktuellsten Datum im Lebenslauf starten, fällt es
schwer, die einzelnen Stationen zu verfolgen.

Beispiel:

09/2008 – 05/2009	Sachbearbeiterin Auftragsabwicklung, Firma Sonnenschein in Frankfurt
08/2006 – 08/2008	Mitarbeiter Vertriebsinnendienst, Firma Himmelreich in Berlin

Für diese Menschen ist es willkommener, den Lebenslauf
auf die klassische Art zu gestalten, mit der Schule starten,
über die Ausbildung bis zur letzten und aktuellsten
Station.

Beispiel:

1966 - 1977	Schulbesuch Abschluss: Abitur
1977 – 1979	Ausbildung zur Reiseverkehrskauffrau, Reisebüro Sommer in Himmelreich
01.1980 – 10.1982	Reisebüroexpedient, Reisebüro XY in Frankfurt

Natürlich wissen Sie nicht, wer ihn liest, wer ihn auf den
Schreibtisch bekommt, was dieser Mensch bevorzugt –
Sie kennen ihn nicht ☺! Also, gestalten Sie den
Lebenslauf nach eigenem Gusto. Was fällt Ihnen

leichter? Vom Anfang meiner beruflichen Laufbahn
chronologisch bis zum jetzigen Zeitpunkt oder von der
jetzigen Station bis zum Anfang meiner beruflichen
Laufbahn?

Bitte berücksichtigen Sie jedoch, wenn Sie sich bei
einem internationalen Unternehmen bewerben, dann ist
die internationale Form ein Muss. Bei der Gestaltung des
Lebenslaufes beginnen sie mit dem aktuellsten Einsatz,
Start 2009.

Wichtig für Sie:
- ✓ tabellarisch,
- ✓ mit PC geschrieben,
- ✓ chronologisch (Eckdaten in der Zeitfolge).

Einer meiner Kunden hatte bis vor einiger Zeit den
handschriftlichen Lebenslauf angefordert. Dann wurde
von den Bewerbern direkt ein graphologisches Gutachten
erstellt. Dieses war ein erheblicher Bestandteil bei der
Beurteilung des Bewerbers. Stellte sich heraus, dass der
Kandidat nicht ausdauernd genug ist und dadurch schnell
aufbrausend, war es fraglich, ob er eingestellt wurde.
Wenn ich als Mitarbeiterin im Kundenkontakt stehe, sind
dieses wichtige Kriterien. Viele persönliche
Eigenschaften und Stärken können aufgrund der
Handschrift festgestellt werden. Heute ist es bei meinem
Geschäftspartner nicht mehr so. Es wird beim
Vorstellungsgespräch eine Handschriftenprobe
genommen, und davon wird ein graphologisches
Gutachten erstellt.

Wir sind einfach nicht mehr so geübt, mit der Hand lange
Texte zu schreiben. Es fällt uns schwer, wir sind
verkrampft. Durch die Nutzung des PCs oder eines

Laptops, schreiben wir Dinge kaum noch mit der Hand. Selbst Postkarten (aus dem Urlaub) oder Briefe bleiben auf der Strecke – durch das Handy, schreiben wir lieber eine SMS ☹.

Wenn Sie in die Situation kommen, einen handschriftlichen Lebenslauf zu schreiben, meine Empfehlung: Schreiben Sie einen tabellarischen Lebenslauf auf dem PC und geben Sie eine Handschriftenprobe dazu, indem Sie noch etwas hinzufügen zum Thema „…über mich" oder „was spricht für mich". Da haben Sie die Möglichkeiten, etwas über Ihre Person zu schreiben, was Sie für die Position befähigt, was zu Ihren persönlichen Stärken gehört, aus welchem Grund Sie sich auf diese Stelle bewerben.

Wie viele Seiten hat ein Lebenslauf? Ich habe doch tatsächlich wahr genommen, dass Dozenten behaupten, er „darf" nur eine Seite haben. Wie wollen Sie bei einem bewegten Berufsleben als zum Beispiel „Mitte-Vierziger" Ihr Berufsleben mit Schulbesuch und Ausbildung, vielleicht noch Studium auf eine Seite bringen? Er soll schon noch leserlich bleiben (Schriftgröße 12) und dann noch aussagekräftig! Sie geben mir sicher recht, dass es nicht möglich ist.

Also, wichtig:

- ✓ aussagekräftig
- ✓ lückenlos
- ✓ übersichtlich

„Lügen haben kurze Beine!" Das kennen Sie, nicht wahr?
Die Angaben sollen mit den Daten im beigefügten
Zeugnis übereinstimmen; sowohl das Datum wie auch
die Position. Wenn Sie eine Zeit beruflich nichts gemacht
haben, aus welchen Gründen auch immer, überlegen Sie,
wie Sie es am besten formulieren können. Ich nenne
Ihnen ein Beispiel.

In der Hotellerie ist es wichtig, Erfahrungen in
unterschiedlichen Hotels und auch Abteilungen zu
sammeln. Es ist durchaus üblich, einfach mal eine Saison
in einem Skigebiet im Ausland oder in einem Club im
Sommer zu jobben. Dafür bekommen die Mitarbeiter
nicht unbedingt ein Zeugnis oder eine Bescheinigung,
wenn sie für 2 bis 6 Monate einfach nur „Teller
schleppen" als Kellner. Es zählt jedoch als
Auslandserfahrung. …oder Sie haben eine Zeit als Au
Pair zum Beispiel in England gearbeitet. Es war nicht
immer nachzuvollziehen, ob es wirklich so gewesen ist.
Sprachlich sind sie fit, also nicht zu prüfen, durchaus
glaubhaft und üblich.

Die Mitarbeiter in einem Hotel oder in einem Restaurant
kommen zeitweise auch aus einem elterlichen Betrieb,
das heißt, die Eltern haben ein Restaurant oder einen
Gasthof. Somit haben wir hier im Lebenslauf häufig die
Tätigkeit „Service im elterlichen Betrieb" als Station
gelesen. Wahr oder nicht wahr – wer mag es beurteilen?
Wenn Sie einen guten Job machen nach Ihrer
Einstellung, ist es vollkommen unrelevant. Verstehen Sie
mich bitte richtig! Ich möchte Sie nicht zum Lügen
animieren. Bedenken Sie, dass Sie mit dieser Bewerbung
überzeugen sollen. Also sind so kleine Verschönerungen
erlaubt.

Nennen wir ihn Lebenslauf oder im internationalen Sprachgebrauch CV´s (Curriculum vitae) – das ist egal; wichtig und optimal, wenn Ihre Stationen sich wie einen roten Faden durch den Lebenslauf ziehen. Was verstehen wir darunter? Eine Station baut auf der anderen auf. Die perfekte Situation, um einen lückenlosen Lebenslauf vorzuweisen. Doch seit einigen Jahren hat sich das Verhalten auf dem Arbeitsmarkt rapide geändert. Die Situation bei vielen Unternehmen hat sich geändert. Einige Branchen haben einen starken Mitbewerb bekommen – neue Situation. Grenzen sind geöffnet worden – neue Situation. Naja, Sie kennen es; der Job eines jeden ist nicht mehr sicher. Das bedeutet, keiner von uns weiß, ob er nach Anlauf seines befristeten Arbeitsvertrages seine Arbeit behält oder ob er neu auf die Suche geht. Das ein Arbeitsnehmer noch 10-30 Jahre in einem Unternehmen tätig ist, wird eher seltener. Es ist auch nicht mehr so gefragt, denn Flexibilität, Erfahrung (nicht nur in einem Unternehmen oder an einem Standort) und die persönliche Weiterentwicklung sind angesagt. In einigen Branchen gelten Mitarbeiter, die so lange in einer Firma waren, als weltfremd, unflexibel oder gar „Fachidioten". Es hört sich hart an, ist jedoch so – für den letzten Begriff gibt es keine andere Formulierung ☺.

Wie beginnen Sie mit Ihrem Lebenslauf? Was gehört von Ihnen persönlich und beruflich alles dazu? Was ist wichtig? Wie gestalten Sie ihn?

Dann fangen Sie doch ganz von vorne an:

- ✓ Persönliche Daten, Angaben zur Person, zu meiner Person …

Wie immer Sie es aufführen möchten, mit oder ohne die genannte Headline – wichtig: Sie machen

- ✓ Angaben zu Ihrem Namen,
- ✓ Geburtsdatum und –ort,
- ✓ Nationalität oder Staatsangehörigkeit,
- ✓ Familienstand!

Mit den Daten können Sie Ihren Lebenslauf beginnen, oder Sie beziehen diese mit ein bei der Gestaltung eines Deckblattes, der ersten Seite der Bewerbungsmappe. Beispiele hierzu finden Sie auf den letzten Seiten meines Buches. Zum Thema „Familienstand" gebe ich Ihnen einen Tipp: Entscheiden Sie, ob Sie es angeben oder nicht. Es ist persönlich und nicht unbedingt erforderlich, diese Angaben zu machen. Für den Mann ist ein „verheiratet, zwei Kinder" im Bereich Familienstand ein Zeichen für ein solides und ausgeglichenes Umfeld. Eine Familie ist im Hintergrund, die ihm den Rücken stärkt. Für die Frau hingegen kann es bedeuten, wenn Kinder da sind, dass sie den Kopf nicht frei hat für ihre Aufgaben; dass sie ausfällt, wenn ein Kind erkrankt ist – das ist nach wie vor ein Thema und wird sich wohl nie ändern.

Dabei spielt es keine Rolle, ob eine Frau oder ein Mann die Personalentscheider sind. Also überlegen Sie selbst, machen Sie die Angaben – ja oder nein. Wenn Sie eine Familienpause in Ihrem Lebenslauf haben, dann führen Sie es auf – harmoniert ansonsten nicht. Schreiben Sie, wenn Sie Familienstand mit Kindern angeben, bitte das Alter der Kinder dazu, zum Beispiel: 2 Kinder (6+8 Jahre). Somit weiß der Unternehmer, die Bewerberin hat Kinder, die bereits selbstständig sind oder in der Schule bzw. Kindergarten sind. Wenn Sie bisher das Gefühl hatten, Sie sind aus dem Bewerberkriterium heraus

gefallen, da Sie Mutter sind (oder Vater) – lassen Sie es
einfach weg. Mal schauen, was passiert! Lassen Sie sich
überraschen. Sie haben die Chance dazu. Probieren Sie
einen anderen Weg als bisher, eine andere Variante,
wenn es bisher mit der eingeschlagenen nicht funktioniert
hat. Wenn Sie zum Vorstellungsgespräch eingeladen
werden und die Frage auf Kinder gelenkt wird, dann
überlegen Sie sich eine Antwort, die klar und sicher
kommt. „Meine Kinder sind versorgt während ich
arbeite.“

Danach folgen Daten wie
- ✓ Schulbesuch,
- ✓ Studium,
- ✓ Berufsausbildung,
- ✓ der berufliche Werdegang,
- ✓ Weiterbildungen,
- ✓ Kenntnisse und Fähigkeiten,
- ✓ Hobbys und

zum Schluss – nicht vergessen – Ort mit Datum und
Unterschrift.

Bitte unterschreiben Sie Ihren Lebenslauf als
Bestätigung, dass die Daten richtig sind. Eine
Unterschrift gehört dazu. Das war schon immer so und
wird sich auch nicht ändern. Ich höre von meinen
Seminarteilnehmern den Einwand „Ich habe gehört, dass
man ihn nicht mehr unterschreibt.“ Alle Jahre wieder
werde ich damit konfrontiert. Die Unterschrift gehört
unter den Lebenslauf sowie unter das Anschreiben.
Ausnahme: E-Mail-Bewerbung, die ist ohne Unterschrift.
Viele Bewerber scannen sie ein, es ist jedoch nicht
notwendig. So viel zum Schlusslicht des Lebenslaufes –
wie gestalten Sie ihn nach den persönlichen Daten? Die
einzelnen Bereiche habe ich bereits genannt. Jetzt

befassen wir uns einfach mit den jeweiligen Bereichen im Detail.

Es geht nicht darum, ihn auf eine Seite zu quetschen; es geht darum, dass der Lebenslauf ein aussagefähiges Dokument ist, welches Auskunft darüber gibt, über welche Fachkompetenz Sie aufgrund Ihrer Berufserfahrung verfügen. Das heißt für Sie, klare und strukturierte Darstellung mit ausführlicher Beschreibung. Lückenlos ist ebenfalls wichtig. Starten Sie mit Ihren Lücken im Lebenslauf, falls Sie welche haben. Bitte füllen Sie sie aus – positiv formuliert. Wenn Sie arbeitslos sind oder waren, schreiben Sie es in den Lebenslauf. Wie führen Sie es auf, das ist entscheidend.

09.2006 – 06.2007 Arbeit suchend – das haben Sie 2008 ebenfalls für drei Monate; wie sieht es aus in Ihrem Lebenslauf? Urteilen Sie selbst! Dieses „Arbeit suchend" sticht mir sofort in die Augen. …ein regelrechter „Eye-Catcher"! Überlegen Sie nun, wie Sie es anders formulieren können.

Vielleicht schreiben Sie dafür
- ✓ Weiterbildung im Bereich MS-Office
  Deutsche Akademie, Frankfurt
- ✓ Familienpause
- ✓ Suche nach einer neuen beruflichen
  Herausforderung

Je nachdem, in welcher Situation Sie sind oder waren, auf jeden Fall haben Sie die Möglichkeit, es anders zu formulieren. Das spiegelt Ihre Einstellung zu sich und dem Arbeitsmarkt gegenüber wieder. So viel zum Thema „arbeitslos" – wie stellen Sie sich besser, positiver dar?

Beschäftigen wir uns mit dem Schulbesuch. Welche Schule haben Sie wann und wo besucht, mit welchem Ergebnis. Das will ich als Personalentscheider wissen; Angaben in Jahreszahlen sind ausreichend:

1960 – 1963	Grundschule 35008 Hombach
1963 – 1968	Hauptschule „St. Leonhof" 35000 Himmelreich
1968 – 1970	Gymnasium „St. Josef" 35000 Himmelreich Abschluss: Abitur

So kann es dargestellt werden. Eine andere Variante, wenn Sie bereits über ausreichend Berufserfahrung verfügen, dann interessieren die einzelnen Schulstationen nicht mehr. Fassen Sie in dem Fall die Daten zusammen; hierzu einige Vorschläge:

✓	1960 bis 1970	Grund-/Realschule Anschluss: Mittlere Reife
✓	1980 bis 1992	Gesamtschule Abschluss: Abitur
✓	1992	Schulabschluss: Abitur

Schulbesuch:

1983 – 1996 Frankfurt	Grund- und Mittelstufe in
	Gymnasium in Friedberg,

Abschluss: allgemeine Hochschulreife

Note: gut

Der Bereich Studium kann ebenso dargestellt werden; allerdings ausführlicher:

Studium:

- ✓ 10.1991 – 10.1996 Politikwissenschaften Goethe-Universität in Frankfurt
  <u>Schwerpunkt:</u> Regierungslehre, Zukunft der Erwerbsarbeit

- ✓ 31. Oktober 1983 Goetheuniversität Frankfurt Studienschwerpunkt: Außenhandelswirtschaft Diplom: Betriebswirtschaft Gesamtnote: sehr gut

Berufserfahrung, beruflicher Werdegang, berufliche Tätigkeit – wie Sie es bezeichnen, bleibt Ihnen überlassen – wichtig sind dann die Ausführungen, die inhaltlichen Angaben zu den einzelnen beruflichen Stationen:

Monat/Jahr   ausgeführte Tätigkeit/Berufsbezeichnung mit Aufgabenschwerpunkten und Einsatzbereiche sowie Firmenname und Ort

Einige Beispiele für Sie als Anhaltspunkt:

10/1984 bis 03/2003   Pharma Weiß, München
Sachbearbeiterin
„Informationsmanagement"
Organisation,
Fachkorrespondenz,
Erstellung von Werbemitteln

März 2003-Februar 2008   Vertriebsassistentin im
Bereich Marketing
Firma Sonnenschein,
Frankfurt
Aufgaben:
- Unterstützung Vertriebsteam
- Terminkoordination
- Reisekostenabrechnung

Wenn Sie Weiterbildungen besucht haben, ist es für das Unternehmen wichtig zu erfahren, wann Sie was gemacht haben:

✓ 1991   Weiterbildung zum
Übungsleiter

✓ 10.2005-01.2006   Seminar „MS-Office"
PC-Akademie, Frankfurt

✓ 02.2008   Sprachkurs Englisch
B-Lingua in Düsseldorf

Ich weiß als Leser Ihrer Bewerbung, dass Sie offen sind für Neues, interessiert an Neuem, sich weiterbilden, sich informieren sowie Ihr Wissen ständig erweitern und auffrischen.

Wie geht es weiter? Was möchten Sie noch über Ihre Person berichten, was wichtig ist für die ausgeschriebene Position? Weitere Kenntnisse oder sonstige Fähigkeiten, eventuell auch Hobbys…! Kenntnisse und Fähigkeiten sind interessant, wenn Sie für den zukünftigen Job eine optimale Ergänzung sind. Mit den Hobbys ist es ähnlich. Wenn Sie sich um eine Ausbildungsstelle bewerben, dann führen Sie auf jeden Fall den Bereich auf. Da Sie als „Youngster" keine Berufserfahrung haben, möchte der Personalleiter Sie trotzdem kennen lernen und sich ein Bild über Sie machen. Dabei helfen die Hobbys. Als Arbeitgeber kann ich erkennen, ob Sie in Ihrer Freizeit aktiv sind, ob Sie Interessen haben oder ob Sie jemand sind, der in den Tag „hinein lebt" – ohne Interessen. Nur bitte Vorsicht – gehört Motorrad fahren oder Fallschirm springen zu Ihren Hobbys, sparen Sie sich die Angabe – zu gefährlich. Da male ich mir als Personaler in meiner Fantasie aus, was passiert, wenn Sie einen Unfall haben – langfristiger Ausfall des Mitarbeiters, verbunden mit Kosten. Überlegen Sie bitte, was kann ich angeben, was nicht …!

Ein Beispiel dazu:
Als Gärtner gehört zu meinen Hobbys „Feng Shui" – optimal. Bei der Gartengestaltung ist es ein wichtiger Aspekt. Viele Menschen legen Wert auf Harmonie, sich in Balance befinden, sich wohl fühlen, es spielt eine große Rolle im Leben vieler Menschen; nicht nur im Haus sondern auch im Garten. Die Menschen leben bewusster, achten mehr auf sich, auf ihre Gesundheit –

auf jeden Fall ist Feng Shui im Trend. Also als Hobby
„Feng Shui" mit angeben im Lebenslauf!

Besondere Kenntnisse, weitere oder sonstige Kenntnisse
– entscheiden Sie, wie Sie es formulieren:

Weitere Kenntnisse:

Englisch in Wort und Schrift
KHK   Grundkenntnisse
Sicherer Umgang mit MS
Office

Ein Punkt kann ebenfalls „Sonstiges" sein:
Führerscheinklasse B

oder

Fahrerlaubnis der Klasse C1

oder

Ausbildung zum Gabelstaplerfahrer mit Zertifikat

Sie sehen, so viele Informationen wie möglich; natürlich
immer unter dem Gesichtspunkt „wichtig für den Job".
Sie präsentieren sich, dass was Sie leisten und können.
Die Aussagekraft spielt dabei eine große Rolle.

Wenn Sie nun noch den Wunsch haben und über Ihre
Beweggründe oder Ihre Einstellung etwas berichten
möchten, dann schließen Sie es an den Lebenslauf an.
Das können ein paar Zeilen sein direkt im Anschluss an
Ihren Lebenslauf, bevor Sie ihn unterschreiben –
einleitend mit einer Überschrift wie
„…über mich:" oder wenn es mehr als „ein paar Zeilen"
sind, gestalten Sie eine so genannte „dritte Seite".

Thema dieses Anhanges oder der zusätzlichen Seite kann
die Einstellung zur Arbeit sein, das kann eine
Beschreibung der beruflichen Höhepunkte sein, das kann
ein Qualifikationsprofil ergeben oder eine
Tätigkeitsbeschreibung. Somit lernt der zukünftige
Arbeitgeber den Bewerber noch besser kennen.

Folgende Inhalte können Sie nutzen:
- ✓ Aussage zu meiner Person
- ✓ Meine Kompetenzen
- ✓ Kenntnisse
- ✓ Meine Ziele und meine Motivation

Beachten Sie dabei, dass die Aussagen im
Zusammenhang mit der zu besetzenden Stelle stehen
sollen – wie in Ihrem Anschreiben und Lebenslauf
ebenfalls. Also – keine nichts sagenden Floskeln! Nutzen
Sie Ihre Möglichkeiten! Muster zu diesem Thema finden
Sie natürlich auch auf den letzten Seiten in meinem
Buch.

„Gib mir Dein Lächeln" – ein positives Schlagwort für den Start zum Punkt „**Bewerbungsfoto**". Was ist Standard? Was passt zu meiner Bewerbung? Worauf achte ich? Viele Fragen, die Sie sich stellen – viele unterschiedliche Antworten, die Sie bekommen – auch hier ist wieder die Individualität gefragt. Festgelegte Richtlinien gibt es nicht, auch wenn viele es sagen. Sie haben die Möglichkeit, Bewerbungsfotos in Schwarz/Weiß anfertigen zu lassen. Äquivalent kann es im Sepia-Farbton (bräunlicher Ton) sein. Das ist – mal wieder – Geschmackssache. Bei Farbaufnahmen achten Sie bitte auf gedeckte Farben, die mit einander kombiniert werden im Bild.

Übrigens: eine Untersuchung ergab, dass männliche Personalchefs eher Farbfotos bevorzugen, während weibliche Kollegen gern das künstlerische Schwarz-Weiß vorziehen. Grell-leuchtende Farben sind nicht empfehlenswert. Über den Hintergrund wird Sie sicher ein Fotograf beraten. Lassen Sie die Aufnahmen nur von einem Fotografen machen, keine „Selbstschüsse". Dafür ist das Thema für Sie zu wichtig. Unprofessionelle Bilder, die nicht „geschäftsmäßig" wirken, sind wie ein Eigentor. Eine Investition, die sich lohnt.

Holen Sie Angebote von Fotografen ein, verschaffen Sie sich einen Eindruck, und dadurch treffen Sie für sich die richtige Entscheidung für ein Fotostudio, was zu Ihnen passt. Ein Studio des Berufszentrums in Nordrhein-Westfalen zufolge scheidet jeder zweite Jobsuchende in Bewerbungsrunden wegen eines schlechten Fotos bereits aus der Vorauswahl aus.

Überlegen Sie:

„Wie wollen Sie in den Sekunden des ersten Eindrucks
auf Ihren neuen Arbeitgeber wirken?"

Da der Personalchef den Bewerber nun mal nicht kennt,
entscheidet er aufgrund des Fotos, ob der Betroffene
sympathisch, seriös, kompetent, freundlich und
dynamisch wirkt. Passbilder aus dem Automaten am
Bahnhof oder privat aufgenommene Fotos bitte nicht
verwenden! Zwischen 10 und 100 Euro sind für
ordentliche Fotos zu bezahlen – eine Investition, die sich
zweifellos lohnt, wenn Sie das spätere Gehalt dagegen
aufrechnen. Verwechseln Sie nicht ein Bewerbungsfoto
oder Porträtfoto mit einem Passfoto. Das Passbild ist für
amtliche Ausweise, dort muss beispielsweise für die
Identifikation ein Ohr sichtbar sein. Bei einem
Bewerbungsfoto stört das frei liegende Ohr. Unterschiede
gibt es auch im Hintergrund. Der glatte, helle
Hintergrund von Passbildern irritiert auf Porträtfotos.
Gute Fotografen wählen Farbübergänge oder bearbeiten
das Bild nachträglich noch per Weichzeichen.

Die Fotos lassen sich auf einer CD – Rom brennen, dann
haben Sie die Möglichkeit,
- ✓ sich diese jederzeit zu vervielfältigen,
- ✓ die Fotos direkt auf den Lebenslauf oder
- ✓ direkt auf das Deckblatt zu übertragen,
- ✓ das Foto zu einer Online-Bewerbung
  hinzuzufügen.

Einmalige Mehrkosten – rechnet sich jedoch! Das Foto
von Ihnen ist bitte eine aktuelle Aufnahme, nicht älter als
6 bis 12 Monate. Styling und Frisur sollten den aktuellen
Tatsachen, dem Trend entsprechen. Ich habe auch

Bewerbungsaufnahmen gesehen von Teilnehmerinnen, auf denen die Damen so hergerichtet waren, wie zu einem Modell-Casting; nicht wieder zu erkennen. Eine Kandidatin für Heidi Klum ☺! Der Unterschied zu den Aufnahmen und zu der Person, die mir gegenüber sitzt, war extrem. Sinnvoll? Sicherlich nicht – Sie sind wie Sie sind und so ist es auch gut.

Auf dem Foto sollten Sie das tragen, was Sie in der angestrebten Position gewöhnlich tragen. In den vergangenen Jahren wurde die starre Anzug-Krawatten-Regelung gelockert. Nur wer später auch mit Anzug und Krawatte arbeitet, beispielsweise Bankangestellte, muss es auf dem Foto explizit auch tragen.

Das Format kann vom Standard-Hochkant-Bild über Querformat bis hin zum quadratischen Bildausschnitt gehen; vom angeschnittenen Haaransatz bin hin zur halben Körperdarstellung. Die Bewerbungsfotos wirken besser, wenn sie nicht im Passbildformat verwendet werden. Das größte Format von sechs mal neun Zentimetern, aber auch 45 mal 65 Millimeter sind ansprechend.

Querformate werden ebenfalls gewählt. Unterschätzen Sie also den Stellenwert der Bewerberfotos nicht. Es trägt entscheidend zum positiven Gesamtbild der Bewerbung bei. Ein Bild ist ein „Eyecatcher", der erste Blick fällt oft direkt darauf. Der Gesichtsausdruck, die Kleidung laden zu Interpretationen ein. Da stimmen Sie mir sicher zu. In einigen Ländern werden die Bewerbungen sogar ohne Fotos gewünscht. Der Grund dafür ist, dass alle Bewerber gleiche Chancen erhalten sollen. Die Vorauswahl soll nicht durch ein Foto gelenkt werden. Bei uns in Deutschland ist es weiterhin fester Bestandteil der

Bewerbungsmappe. Ich habe mich mit Profis der Fotografie über dieses Thema unterhalten und möchte interessante Ausführungen und Anregungen gern an Sie weiterleiten.

Mit Herrn Hämel arbeiten einige meiner Teilnehmer zusammen. Sie sind von den Bewerbungsfotos begeistert, die Herr Hämel erstellt. Von ihm habe ich einen wichtigen Hinweis erhalten:

„Vermeiden Sie Stress und Zeitdruck vor dem Fototermin!"

Logisch – je relaxter Sie sind, umso entspannter wirken Sie auch auf den Fotos. Er rät ebenfalls dazu, einen Winterspaziergang vor dem Fototermin zu vermeiden, denn rote Nasen und rote Ohren wirken nicht gut! An diese Dinge denken wir meistens nicht.

Durch die Digitalfotografie ist es möglich, gewisse Bereiche auf dem Foto zu kaschieren, jedoch sind auch dort Grenzen gesetzt. Sie erreichen das Fotostudio unter www.fotohaemel.de.

Auf dem Weg zum Interview zu meinem nächsten Ansprechpartner zum Thema „Bewerbungsfoto" habe ich Radio an und Botschaften zum Thema „Krise" gehört - wie im Moment fast täglich. Es fällt Ihnen sicher ab und zu schwer, gut gelaunt und mit positiver Einstellung den Tag zu genießen; das kann ich verstehen.

Hierzu erzähle ich Ihnen eine Geschichte:

„Es war einmal ein Mann in Amerika, der wohnte an einer Überlandstraße und verdiente sich seinen

Lebensunterhalt mit dem Verkauf von Hot Dogs am
Straßenrand.

Seine Ohren waren nicht so gut, darum hörte er nie
Radio. Seine Augen waren nicht so gut, darum las er nie
Zeitung. Gut aber waren die Hot Dogs, die er verkaufte,
und er stellte Schilder an die Straße und rief: „Ein Hot
Dog gefällig?"

Er erhöhte seine Bestellung für Würstchen und Brötchen.
Er kaufte sich einen größeren Ofen, um mit dem
Geschäft Schritt zu halten. Schließlich brauchte er einen
Helfer und holte seinen Sohn vom College zurück.

Und folgendes geschah:
Der Sohn sagte: „Vater, hast Du nicht im Radio gehört?
Hast Du denn nicht in der Zeitung gelesen? Wir haben
eine riesige Rezession! In Europa ist die Lage schlimm.
Bei uns in Amerika ist sie noch schlimmer. Alles geht
vor die Hunde."

Worauf der Vater sagte: „Mein Sohn war auf dem
College. Er liest Zeitung und hört Radio. Er wird es ja
wohl wissen."
Daraufhin reduzierte er seine Bestellungen für Würstchen
und Brötchen, nahm seine Reklameschilder herein und
sparte sich die Mühe, sich selbst an die Straße zu stellen
und seine Hot Dogs anzupreisen.

Und praktisch über Nacht brach sein Geschäft
zusammen.„Du hast recht, mein Junge", sagte der Vater
zum Sohn, „wir befinden uns wirklich mitten in einer
Rezession."

Diese Geschichte wollte ich Ihnen unbedingt zu diesem Thema „erzählen". Also bleiben Sie weiterhin aktiv, nehmen Sie Geschehnisse nicht als Rechtfertigung für viele Dinge, die Ihnen widerfahren; als Entschuldigung für Dinge, die Sie nicht in Angriff nehmen …!

…in Bad Homburg angekommen; treffe ich mich mit Ingrid Jost, eine Fotografin, mit der ich schon viele Jahre arbeite. Wir kennen uns bereits aus meiner Zeit in der Hotellerie. Sie werde ich zum Thema „Bewerbungsfoto" interviewen.

SP: „Frau Jost, was kennzeichnet eine gutes Bewerbungsfoto?"

Frau Jost: „Für mich ist es wichtig zu wissen, ob der Bewerber das Bewerbungsfoto auf einem Deckblatt platziert oder auf dem Lebenslauf. Beim Deckblatt empfiehlt sich ein größeres Bildformat; 5x7cm oder 6x8 cm. Bei dem Lebenslauf oben rechts reicht das Format 4,5x6cm. Für mich die Gestaltung der Bewerbungsmappe im Vorfeld interessant als Basis für die Bewerbungsfotos."

SP: „Ein interessanter Aspekt! Gibt es noch weitere Punkte…?"

Frau Jost: „Beim Bildausdruck soll darauf geachtet werden, dass nicht zu viel gelacht wird, zu ernst soll es auch nicht sein. Der Ausdruck in den Augen ist sehr entscheidend. Offen, sympathisch, nicht arrogant! Gerader Blick…"

SP: „Ich merke, auch hier spielt die Körpersprache eine große Rolle.“

Frau Jost: „Ja, stimmt. Der Blick von oben ist „herablassend“; von unten „kriechend-bittend“. Hinzu kommt noch die richtige Ausleuchtung, qualitativ hochwertige Bilder, kein selbst gebasteltes Bild vor der Raufasertapete.“

SP: „Was kann ich, Frau Jost, im Vorfeld beachten, bevor ich zu Ihnen ins Studio komme?“

Frau Jost: „Passende saubere und ordentliche Kleidung; Haare und Make up entsprechend der Branche und der Position… Bitte verzichten Sie auf die Nivea im Gesicht, das muss abgepudert werden. Wenn Sie unentschlossen sind, was Kleidung angeht, dann bitte etwas zum Wechseln mitbringen. Sind Sie Brillenträger, bitte die Brille säubern.“

SP: „Bezüglich Styling – einige Tipps für die Bewerber von Ihnen als Profi?“

Frau Jost: „Dezentes Make up bei z.B. einer Krankenschwester, bei einer PR Bewerberin sicher etwas ausgefallener; Flippiges für den Marketingbereich, für Banker und Finanzexperten dezente

Farbgestaltung beziehungsweise dezente
Krawatten."

SP: „Noch eine letzte Frage: Gibt es
               Richtlinien für die unterschiedlichen
               Branchen, die zu beachten sind?"

Frau Jost:

               „Farbe und Gestaltung des Hintergrundes
               sind noch wichtig: Auch hier gilt, beim
               Finanzdienstleister und Banker einen
               ruhigen, freundlichen Hintergrund wählen,
               denn wenn´s ums Geld geht, brauchen die
               Leute Ruhe und Vertrauen, das muss
               rüberkommen. Branchen wie Marketing,
               PR oder auch IT entscheiden sich auch
               gerne für schwarz - weiß - Bilder.
               Abheben kann man sich auch durch das
               Bild im Querformat, mit ggf. mutigen
               Bildausschnitten. Bei der Bildauswahl am
               PC beraten wir die Bewerber individuell,
               damit die Entscheidung leichter fällt."

Sie sehen, viele Anregungen; viele Bereiche, die Sie im
Vorfeld berücksichtigen können, denn es kostet auch
Geld und Zeit. Auch hier gibt es keine
festgeschriebenen Richtlinien, sondern Ihr eigenes
Empfinden, Ihr persönlicher Geschmack ist
ausschlaggebend.

Die Homepage von Frau Jost ist www.jost-fotografie.de
– lädt ein zum Stöbern!

Zeugnisse und Zertifikate der Bewerber

Mein Skript zu diesem Buch hatte ich ausgedruckt – durchgearbeitet – etwas fehlte: das Thema **Zeugnisse**.

Da fällt mir eine Geschichte aus meiner Zeit in der Hotellerie ein. Ein Hotel der Kette, für die ich tätig war, befand sich im Bau eines Congress-Hotels. Kurz vor der Fertigstellung stellten sie fest, dass keine Küche geplant wurde. Das haben sie dann nachgeholt, mehr oder weniger … die Hotellerie lebt auch von Improvisation! ☺

Für uns in Deutschland sind Zeugnisse, Zertifikate, Diplome wichtige Faktoren. Das bedeutet für Sie als Bewerber, dass die einzelnen Stationen in Ihrem Lebenslauf durch Zeugnisse oder Zertifikate belegt werden. Für den Schulabschluss das Abschlusszeugnis, für eine Weiterbildung das Zertifikat oder das Diplom, für eine berufliche Station das Arbeitszeugnis –

- ✓ als Nachweis für die Berufserfahrung
- ✓ als Nachweis für Abschlüsse.

Die Zeugnisse ordnen Sie hinter dem Lebenslauf oder – wenn Sie eines haben – hinter das Qualifikationsprofil ein. Auf das aktuellste Arbeitszeugnis folgen die nächsten bis hin zum Ausbildungszeugnis. Im Anschluss daran gehören Praktikumsbescheinigungen, Diplome oder Zertifikate. Zum Schluss haben Sie die Möglichkeit, die Schulzeugnisse (Abschlusszeugnisse) hinzuzufügen, falls notwendig. Auch hier ist es optimal, wenn alles stimmig und komplett mit den Angaben im Lebenslauf übereinstimmt:

- ✓ pro Station ein Zeugnis, Diplom oder Zertifikat

✓ zeitliche Angaben sind identisch mit den
  Angaben im Lebenslauf
✓ Positionsbeschreibungen stimmen mit den
  Angaben im Lebenslauf überein.

Wenn Sie über ausreichend Berufserfahrung verfügen
und bereits zu den „Mitt-Vierzigern" gehören, dann
sparen Sie sich die Schulzeugnisse. Diese interessieren in
dem Fall die Arbeitgeber nicht mehr. Denn dann steht
Ihre Fachkompetenz, Ihre berufliche Erfahrung im
Vordergrund.

Schauen Sie, dass Sie ordentliche und saubere Kopien
von den Zeugnissen anhängen. Es kann sein, dass ein
Zeugnis so schlecht ausgefallen ist und Sie damit nicht
zufrieden sind. Dann überlegen Sie sich, ob Sie es
trotzdem hinzufügen oder die „kleine" Unvollständigkeit
in Kauf nehmen.

Wann ist ein Zeugnis „gut", wann ist es „schlecht"? Was
darf im Zeugnis stehen, was soll dort enthalten sein und
was muss der Arbeitsgeber dem Arbeitnehmer im
Zeugnis bescheinigen? „Nach der Rechtsprechung hat
der Arbeitnehmer Anspruch auf ein wohlwollendes
Zeugnis", so Rechtsanwalt Joachim Reimertshofer,
Fachanwalt für Arbeitsrecht in Frankfurt
(www.reimertshofer-rechtsanwaelte.de). Es dürfte sich
mittlerweile herumgesprochen haben, dass es sogenannte
versteckte Formulierungen gibt, mit denen ein
Arbeitgeber andere vor einem „Arbeitnehmer warnt, der
nichts geregelt bekommen hat" oder „der Stress mit
seinem Vorgesetzten hatte" . Wenn Sie sich unsicher
sind, ob Ihr Arbeitszeugnis positiv ausgefallen ist, lassen
Sie es über einen Fachanwalt für Arbeitsrecht prüfen. Es
gibt viele Möglichkeiten, Informationen zu bekommen.

Über www.zeugnis-profi.de haben Sie die Möglichkeit sich ein Zeugnis selbst zu erstellen, laut Aussage auf der Homepage „schnell und rechtssicher". Ich erlebe es auch immer wieder, dass sich Mitarbeiter ein Arbeitszeugnis eigenständig erstellen dürfen – also, worauf warten Sie!

Für Sie noch ein paar Anhaltspunkte zum Thema „Zeugnissprache":

	Leistungsbeurteilung
sehr gut:	„Er/Sie hat die ihm/ihr übertragenen Aufgaben stets zu unserer vollsten Zufriedenheit erledigt."
gut:	„Er/Sie hat die ihm/ihr übertragenen Aufgaben stets zu unserer vollen Zufriedenheit erledigt."
befriedigend:	„Er/Sie hat die ihm/ihr übertragenen Aufgaben zu unserer vollen Zufriedenheit."
ausreichend:	„Er/Sie hat die ihm/ihr übertragenen Aufgaben zu unserer Zufriedenheit erledigt."
mangelhaft:	„Er/Sie hat die ihm/ihr übertragenen Aufgaben insgesamt zu unserer Zufriedenheit erledigt."

Übrigens: Nach einem Urteil des Landesarbeitsgerichts
Düsseldorf entspricht die Leistungsbewertung „zu
unserer vollsten Zufriedenheit" etwas unmöglichem, weil
eine Steigerung von „voll" nicht möglich ist und deshalb
erwecke diese Formulierung den Eindruck, der
Zeugnisaussteller beherrsche nur unvollkommen die
deutsche Sprache.

Und mit der Formulierung „Wir bestätigen hiermit, dass
er/sie die Aufgaben, die wir ihm übertrugen, stets zu
unserer vollsten Zufriedenheit erledigt hat", wird dem
Leser die Botschaft übermittelt, dass der Arbeitgeber nur
auf Drängen des Arbeitsnehmers diese sehr gute
Beurteilung erteilt.

Führungsbeurteilung

sehr gut: „Sein/Ihr Verhalten zu Kunden, Vorgesetzten und Mitarbeitern war jederzeit vorbildlich."

gut: „Sein/Ihr Verhalten zu Kunden, Vorgesetzten und Mitarbeitern war einwandfrei."

befriedigend: „Sein/Ihr Verhalten zu Mitarbeitern und Vorgesetzten war vorbildlich." (Weil der Vorgesetzte an 2. Stelle genannt wird, handelt es sich

ausreichend:	„Sein/Ihr Verhalten zu Kunden, Vorgesetzten und Mitarbeitern gab zu Beanstandungen keinen Anlass."
mangelhaft:	„Sein/Ihr Verhalten war insgesamt angemessen."

Wichtig: Vorgesetzte in der Führungsbeurteilung an die erste Stelle, ansonsten kann der zukünftige Arbeitgeber davon ausgehen, dass Sie kein gutes Verhältnis zu Ihrem Chef hatten.

Schwer ist meistens eine aussagekräftige Verhaltensbeurteilung. Ziel ist es hier, das Verhalten des Arbeitnehmers in seinem beruflichen Umfeld insgesamt zu beurteilen. Da kann nicht auf Standardformulierungen zurückgegriffen werden, denn welches Verhalten besonders lobenswert oder erwähnenswert ist, hängt entscheidend von der Art der Tätigkeit ab.

Nehmen wir das Beispiel eines Mitarbeiters, der eine Kassiertätigkeit ausgeübt hat. Das Adjektiv „ehrlich" darf nicht fehlen in der Beschreibung. Fehlt es, geht der Leser von Unregelmäßigkeiten oder Schlimmeren aus. Beim Staplerfahrer oder bei einer Schreibkraft spielt die Ehrlichkeit keine so große Rolle.

Auch die passende Schlussformel zu finden ist von Bedeutung. Den Beendigungsgrund darf der Arbeitgeber nur angeben, wenn der Arbeitnehmer es wünscht. Bedauern und Dank kann immer ausgedrückt werden.

Fehlt es jedoch, wird es für sich sprechen.

Schlussformel

sehr gut:

„Wir bedauern sein/ihr Ausscheiden sehr und danken ihm/ihr für stets gute Leistungen. Für die Zukunft wünschen wir ihm/ihr auch weiterhin alles Gute und viel Erfolg.“

gut:

„Wir bedauern sein/ihr Ausscheiden und danken ihm/ihr für stets gute Leistungen. Für die Zukunft wünschen wir ihm/ihr auch alles Gute und Erfolg.“

befriedigend:

„Wir bedauern sein/ihr Ausscheiden und danken ihm/ihr für die guten Leistungen. Für die Zukunft wünschen wir ihm/ihr auch alles Gute und Erfolg.“

ausreichend:

„Wir danken für seine/ihre Mitarbeit. Für die Zukunft wünschen wir ihm/ihr alles Gute.“

mangelhaft:

„Wir bedanken uns für sein/ihr Streben nach guten Leistungen. Wir wünschen ihm/ihr alles nur erdenklich

Gute, insbesondere auch
Erfolg bei den weiteren
Bemühungen.“

Die Tücken liegen im Detail! Was die Aussage „...er
bemühte sich stets“ aussagt, wissen wir bereits alle.
Immer wieder machen wir Scherze darüber,
wenn wir von einer Person hören „ich bemühe mich ...“
oder „Ich gebe mir Mühe.“

Hier habe ich ein paar Zeugnisse „ausgegraben“ aus den
Jahren 1950/1952 – ich denke, Sie haben Spaß daran,
diese zu lesen. Wie sich unsere Zeiten ändern...!

Ich möchte Ihnen diese nicht vorenthalten, deshalb „viel
Spaß beim Lesen“.

Wilhelm Werdelmann, Burgsteinfurt

Gartenbaubetrieb

Fernruf Nr. 110

Bankkonto:
Sparkasse Burgsteinfurt Nr. 954

Burgsteinfurt, den ....7. April.......... 1950..

Z e u g n i s !

Der Gärtnergehilfe Siegfried Beckmann, geb. am 17. September 1930,
war in der Zeit vom 1. April 1949 bis heute, den 7. April 1950, als
Gehilfe in meinem Betrieb tätig und hat sich durch äussersten Fleis
und Tüchtigkeit bei allen vorkommenden Arbeiten meine vollste Zufriedenheit erworben.

Ich kann ihm für seine Tätigkeit nur das allerbeste Zeugnis aus-
stellen.

Er hat sich stets gut geführt, war ehrlich und fleissig. Mit gutem
Gewissen kann ich ihm für gärtnerische Betriebe die beste Empfehlung mit auf den Weg geben.

Wilh. Werdelmann

STADT FRANKFURT AM MAIN

PALMENGARTEN

Siesmayerstraße 61 / Telefon: 74428 — Rathaus 98, 108, 109, 479
Postscheckkonto: 1816 Frankfurt·Main

IHR ZEICHEN:	IHRE NACHRICHT VOM:	UNSER ZEICHEN:	TAG:
		E/Lo.	19. Februar 1952

BETRIFFT:

Z e u g n i s

Herr Siegfried B e c k m a n n war vom 16.2.1951 bis
15.2.1952 als Gärtner in einer Wechselstelle des Palmengartens
beschäftigt. Er arbeitete während dieser Zeit in der Anzuchts-
gärtnerei des Gartens, in der neben allen marktgängigen Topf- und
Beetpflanzen auch eine große Reihe weniger gebräuchliche Pflanzen
gezogen werden.

Herr Beckmann war ein außerordentlich fleißiger und tüchtiger
Gärtner, der von der Gelegenheit, sich im Palmengarten weiter
fortzubilden, stets regen Gebrauch machte. Mit seiner Führung
und seinen Leistungen waren wir jederzeit sehr zufrieden.

Er verläßt seine Stelle nach Ablauf des vorher vereinbarten Jahres.

(Encke)
Direktor des Palmengartens

Die Bewerbungsmappe, Umschlag und Versand

Wie präsentiere ich meine gelungenen schriftlichen **Bewerbungsunterlagen** jetzt?

Sie sind motiviert, vielleicht auch etwas gestresst und möchten die Sachen so schnell wie möglich in den Umschlag geben und ab zur Post! Das kann ich verstehen, doch jetzt haben Sie so viel Mühe und Zeit in Ihre Unterlagen investiert, mit der gleichen Sorgfalt schaffen Sie auch die Verpackung und den Versand. Stimmen Sie mir zu?
Sie haben alle Unterlagen für Ihre Bewerbung zusammen, schön gestapelt (…oder auch nicht☺) liegt es vor Ihnen – hoffentlich ohne Eselsohren und Flecken - blütenweiß! Gehen Sie in einen Schreibwarenladen oder in ein Kaufhaus und schauen Sie sich in der Schreibwarenabteilung um. Das Internet tut´s vielleicht auch…! Welche Möglichkeiten haben Sie, um Ihren Inhalt ansprechend zu präsentieren? Viele, viele – nur was ist tatsächlich notwendig.

Auch dieses legen Sie ganz allein für sich fest.

- ✓ Edel oder peppige Klemmmappen?
- ✓ Nutzen Sie Einlegesysteme wie Thermobindesysteme oder Spiralbindesysteme?

Es ist nicht mehr „in" jedes Dokument einzeln in eine Klarsichthülle zu legen und in einem Hefter zu präsentieren. Hier beachten Sie die Branche bitte auch bei der Auswahl der Mappen; Farbe und Material spielen hierbei eine Rolle. Natürliche Materialien bedingt durch den Öko-Trend sind durchaus angesagt. Wenn Sie sich in einem Unternehmen bewerben, was sehr stark in der

Biobranche angesiedelt ist oder auch ökologisch
ausgerichtet ist, ist es notwendig, darauf zu achten –
Mappen aus natürlichen Materialien – Mappen aus
Karton. Diese gibt es bereits in den unterschiedlichsten
Farben und Arten.

Am häufigsten sehe ich die Mappen mit einer dezenten
Prägung „Bewerbung" auf der vorderen Seite. Diese sind
dann 2-fach zu öffnen. Nehmen auf jedem Schreibtisch
viel Platz in Anspruch, aus diesem Grund nicht immer
gern gesehen bei den Arbeitsgebern. Die Mappen aus
Karton sind auch in der normalen Ausführung bereits
erhältlich, als Klemmordner oder versehen mit einer
Schiene.

Es ist sicher auch abhängig von der Menge an
Unterlagen, die Sie verschicken. Wenn Sie sich für die
Thermobinde- oder Spiralbindesysteme entscheiden,
schauen Sie in einem Copy-Shop vorbei. Häufig wird
Ihnen dort dieser Service angeboten. Es ist nicht immer
notwendig, sich die ganzen Utensilien anzuschaffen
(…obwohl: Tchibo hat diese zeitweise im Angebot ☺) –
beobachten!

Endlich – der Weg zur Post; bitte die Unterlagen zum
Versand vorbereiten. Die Mappe soll bequem in den
Umschlag passen und leicht wieder zu entnehmen sein.
Das bedeutet, ein DIN A4 Umschlag ist häufig zu klein,
dann ist die Größe B4 passend. Die Umschläge sind in
weiß erhältlich – sind nicht unbedingt teurer als die
braunen Umschläge, wirken besser. Diese sind ebenfalls
mit verstärktem Papprücken erhältlich. Sie können auch
einen wattierten Umschlag benutzen –
Geschmackssache! Holen Sie sich hier Anregungen im

Schreibwarengeschäft und entscheiden Sie sich anhand
Ihres Dokuments.

Wenn Sie Ihre Bewerbung gebunden haben (Thermo
oder Spiral), ist Ihr Dokument sehr umfangreich, auch
von der Menge. Dafür gibt es so genannte
Versandkartonagen. Es macht in diesem Fall Sinn! Ich
habe mit einigen IT-Profis während meines
Bewerbungscoachings gesprochen, und wir sind auf eine
Präsentation per CD-Rom gekommen. Eine Power-Point-
Präsentation zum Beispiel –
    ✓ je nachdem, welche Anforderungen in dem
       eventuell neuen Job an Sie gestellt sind,
    ✓ je nachdem, was Sie zu bieten haben.

Auch hierfür gibt es spezielle Mappen, die ein Fach für
die CD vorsehen (Bewerbungsmappen mit einem
zusätzlichen Schaumstoff-Clip zur Befestigung einer
CD).

Sie sehen, die aussagefähige und professionelle
Bewerbung endet erst, wenn Sie versandfertig in einer
dafür vorgesehenen Hülle ist. Je näher Sie Ihrem Ziel
kommen, Ihre Bewerbung abzugeben, je größer wird Ihr
Lächeln im Gesicht.

In unserem Bewerbungscenter sehe ich das Lächeln bei
unseren Teilnehmern – ein schönes Gefühl. Sie waren
sehr lange im Job, haben bisher mit Bewerbungen häufig
nicht viel zu tun gehabt, stehen vor einer großen
Herausforderung. Sie überwinden den „inneren
Schweinehund“ und fangen einfach an. Nach und nach,
anfängliche Schwierigkeiten und Hemmnisse
überwindend, wird das Lächeln im Gesicht immer
größer… Am Ende, nach zwei Wochen haben sie es

geschafft, sie haben eine Bewerbung erstellt, mit der sie
sich identifizieren, die sie geschaffen haben – harte gar
hartnäckige Arbeit, die jeden Tag mehrere Stunden
Arbeit am PC, im Team für jeden einzelnen Teilnehmer
bedeutet. Ich beobachte es gern, denn ich weiß, wenn sie
montags bei uns in Gießen am ersten Tag starten, sind sie
noch skeptisch – dieses legt sich von Tag zu Tag und fast
jeder wird aktiv, verfolgt ein Ziel und macht auf seine
Art Fortschritte. Das macht allen von uns inklusive den
Teilnehmern sehr viel Spaß!

Auf dem Umschlag gehören die Anschrift des
Empfängers und Ihr Absender! Behandeln Sie es bitte
mit der gleichen Sorgfalt wie bisher Ihre anderen
Unterlagen. Achten Sie auf Ihre Handschrift! Einer
Bewerberin, die ihre Unterlagen in einer großen Firma an
der Pforte beim Pförtner abgegeben hat, sagte der
Pförtner: „Die Handschrift ist schon mal gut.“

Was sagt Ihnen das? Was denken Sie?
Naja, die Aufmerksamkeit des Unternehmens auf die
Form der Bewerbungen hat sich herumgesprochen. Sogar
der Pförtner wusste: Was viel versprechend aussieht, hat
vermutlich auch ein viel versprechendes Innenleben. Er
hat sicher schon viele Kommentare wahr genommen
seitens der Personalabteilung oder der Ansprechpartner,
wenn er die Unterlagen weiter geleitet hat oder wenn die
Unterlagen bei ihm abgeholt wurden. Wer sich und seiner
Handschrift einen derartigen Effekt nicht zutraut,
beschriftet den Umschlag mit Etiketten (Aufkleber mit
dem PC beschrieben).

Wenn Sie die Bewerbung zur Post bringen, überlassen
Sie das Aufkleben der Briefmarke nicht einem
gestressten Postmitarbeiter – er kennt ja auch den Inhalt

Ihres Briefes nicht, kann also nicht wissen, dass es für
Sie von Bedeutung ist, die Briefmarke auf dem Umschlag
sorgfältig, gerade zu platzieren. …vielleicht bekommen
Sie nach einem Gespräch mit dem Mitarbeiter auch eine
Sonderbriefmarke, denn er kann Ihnen sagen, wie hoch
das Porto für Ihre Sendung ist. Es ist ärgerlich, wenn der
Empfänger nachzahlen soll, mit Strafporto belästigt wird.
Dieses wird er sicher nicht zahlen, Ihre Bewerbung wird
an Sie – den Absender – direkt zurückgeschickt.

Wenn Sie in der Nähe wohnen, nutzen Sie die
Gelegenheit und geben Sie Ihre Bewerbung persönlich
ab. Mal schauen, was Sie dabei für Erfahrungen
sammeln. Ich bin gespannt.

Online-Bewerbung / E-Mail-Bewerbung

Ich habe im Buch von Kurt Tepperwein „Gelassenheit" –
mit Untertitel „Sich dem Strom des Lebens überlassen" –
folgendes gelesen:

„Schauen wir mit den Augen eines Kleinkindes, sehen
wir seine Offenheit gegenüber der Welt. Als Kinder
waren wir noch optimistisch, doch uns fehlte die
notwendige Erfahrung. Als Erwachsene haben wir die
notwendige Erfahrung, aber vielen von uns fehlen der
Optimismus und die Offenheit eines Kleinkindes."

Mit diesen Gedanken eröffne ich den Beitrag „**online-
Bewerbung**" – die meiste Arbeit haben Sie geschafft.
Wenn Sie sich „online" bewerben, sind ein
aussagefähiges Bewerbungsanschreiben und ein
Lebenslauf Voraussetzung, denn auch das ist Bestandteil
bei der online-Bewerbung.

Einige von Ihnen fällt es sicher schwer, mit dem PC, mit
dem Internet zu arbeiten. Sie haben schon so viel
geschafft in Ihrem Leben, das bekommen Sie auch hin!

Dazu einen kleinen „Mut-Macher"! Mit meiner Ex-
Nachbarin laufe ich regelmäßig – joggen, Nordic-
Walking; immer so, dass wir uns noch dabei unterhalten
können ☺. Ihr Mann, Hermann, Mitte 50 hat ebenfalls
Höhen und Tiefen in seinen letzten Berufsjahren
mitgemacht. Er hat jedoch nie aufgegeben, arbeitet
„immer und wieder"; hat mit dem PC und Internet gar
nichts zu tun und auch keinerlei Interesse gehabt. Bis vor
kurzem … Auf einmal berichtet mir Brigitte – ganz stolz:
„Hermann nutzt das Internet! Auch er hat sich daran

gewagt, etwas Zeit investiert und ist einfach an die Sache herangegangen."

Was bedeutet es denn, sich online zu bewerben? Das kann unterschiedlich aussehen. Wenn Sie eine E-Mail-Adresse haben, versenden Sie Ihre Bewerbung per E-Mail. Wenn Sie auf die Homepage eines Unternehmens gehen, bewerben Sie sich direkt online, wenn Sie es entsprechend auf ihrer Homepage vorgesehen haben.

Das kann zum Beispiel unter dem Bereich „Karriere" der Hinweis, der Link sein „online bewerben" – auf diesen klicken Sie und das Programm führt Sie durch den Bewerbungsvorgang; Step by Step.

Schauen Sie sich die Zahlen von Unternehmen an. Bei der Ausschreibung offener Stellen gehört das Internet inzwischen zum Standard.

Unter www.salesbusiness.de habe ich gelesen, dass bereits 94% aller Unternehmen in Deutschland per Internet nach neuen Mitarbeitern suchen. Das hat eine Umfrage des Hightech-Verbandes BITKOM unter 809 Firmen aller Branchen ergeben. Besonders beliebt sind bei den Arbeitgebern online-Jobbörsen wie stepstone, Jobscout oder Monster, die von 59 Prozent aller Unternehmen genutzt werden. Die Hälfte der Firmen publiziert Stellenanzeigen auf der eigenen Homepage. Ein Viertel annonciert in spezialisierten Online-Stellenbörsen für bestimmte Branchen oder Berufsgruppen. Immerhin ein Fünftel nutzt weitere online-Dienste, darunter soziale Netzwerke wie XING oder StudiVZ sowie regionale Internetdienste.

Unter www.berufszentrum.de entdecken Sie, welche Jobbörsen für welche Branchen von Interesse sind.

Unter www.spiegel.de habe ich einen Bericht mit der Headline gelesen „Bitte, bitte keine Mails". Kaum zu glauben, aber wahr…! Für Sie als Jobsuchender ist es einfach und beliebt. Bei vielen Personalchefs dagegen geradezu verhasst: Die Bewerbung per E-Mail –

- ✓ das Öffnen der Anhänge raubt Zeit!
- ✓ die Bewerbung lässt sich nur schwer weiterverarbeiten!

Deshalb setzen vor allem Großunternehmen verstärkt auf online-Formulare.

Fast alle Unternehmen kämpfen derzeit mit einer gestiegenen Bewerberflut. Eine Umfrage des Karriereportals Stepstone bei 1600 Unternehmen in sieben Ländern Europas hat ergeben, dass jedes zehnte Unternehmen einen Anstieg der Bewerbungen um mehr als 50 Prozent verzeichnet. Gleichzeitig wurden natürlich auch viele Personalabteilungen verkleinert. Jeglicher Zusatzaufwand kommt somit sicher nicht gut an.

Wenn Sie eine Bewerbung per E-Mail versenden, liegen Sie auf jeden Fall mit einem als E-Mail verschickten Anschreiben und einem Lebenslauf angehängt richtig. Erkundigen Sie sich vorher, wenn Sie auch Fotos und Zeugnisse mit versenden möchten, welche Programmformate in den Firmen geöffnet werden können.

Wolfgang Jäger, Professor an der Fachhochschule in Wiesbaden (so heißt es auf spiegel.de) behauptet, dass

Unternehmen E-Mail-Bewerbungen mit 7 Anhängen hassen, auch wenn sie es nicht offen zugeben. Sie kosten Zeit und treiben somit die Bearbeitungskosten in die Höhe, häufig gebe es zu dem auch noch Sicherheitsprobleme, so Jäger.

Online-Bewerbungen hingegen auf jeden Fall! Laut der Studie „Human Resources im Internet 2003/2004", bei der die Websites der größten und wichtigsten deutschen Arbeitgeber analysiert wurden, boten 2003 bereits 80% der Unternehmen ein online-Formular an. Zwei Jahre zuvor waren es erst 59 Prozent.

Für die Unternehmen spart es Zeit – für Sie als Bewerber kostet es natürlich noch mehr Zeit, denn Sie müssen das online-Formular bei jedem Unternehmen neu ausfüllen. …dafür sparen Sie auch an der Bewerbungsmappe!

Bei Siemens sollen Initiativ-Bewerbungen künftig nur noch per Online-Formular möglich sein. Rund 20.000 „Blindbewerbungen" bekommt der Münchener Konzern pro Jahr – so auf spiegel.de vom 08. April 2009.

Doch nun genug Statistiken und Zahlen. Für Sie jedoch interessant, wenn Sie auf dem online-Markt mitmischen können.

Fakt ist: auch hier gilt die gleiche Sorgfalt im Erstellen der Unterlagen wie bei dem Erstellen des Anschreibens und des Lebenslaufes für eine Bewerbungsmappe. Die Arbeit muss bereits gemacht sein!

In großen Firmen werden die elektronischen Bewerbungsunterlagen oft von einer Software nach so genannten Schlüsselwörtern (Keywords) bewertet. Sinn hierbei: Qualifikationen werden mit dem gesuchten Stellenprofil verglichen. Wenn das Unternehmen ein Bewerbungsformular (über die Homepage des Unternehmens) vorsieht, nutzen Sie diese Art der Kontaktaufnahme. Wenn das Unternehmen eine E-Mail-Adresse angibt, schicken Sie Ihre Bewerbung per E-Mail.

In einem Bericht in der Frankfurter Rundschau am 22./23. August 2009 habe ich gelesen, dass nach einer Studie, die das Dimap-Institut im Auftrag der Bundesregierung durchgeführt hat, viele Arbeitgeber systematisch auf private Daten von Bewerbern zurückgreifen, die diese in privaten Netzwerken veröffentlichen. Vor der Einladung zum Vorstellungsgespräch kommt die Recherche im Internet: Der Kandidat wird ge-googelt, bei Facebook gesucht oder im StudiVZ unter die Lupe genommen. „Die unbekümmerte Preisgabe persönlicher Daten im Netz kann zum Stolperstein für die berufliche Karriere werden", sagte Verbraucherministerin Ilse Aigner (CSU) der Berliner Zeitung. 28 Prozent der in der Studie befragten Unternehmen gaben an, sich gezielt im Internet über Bewerber zu informieren. Ein Viertel der Firmen gab zu, den ein oder anderen Bewerber gar nicht erst eingeladen zu haben – wegen des schlechten ersten Eindrucks, den der Online-Auftritt vermittelt hat.

Diese Aussage habe ich auch am 21. August 2009 in den Nachrichten gehört – auf dem Weg ins Bewerbercenter. Danach war es natürlich Thema in unserem Training – viele haben ihren Auftritt danach sicher geprüft – kritisch!

E-Mail-Bewerbung

Nehmen Sie für Ihre Email-Bewerbung bitte Ihre private
E-Mail-Adresse, einen privaten Account. Achten Sie
bitte auf eine seriöse und neutrale Adresse, die aus Ihrem
Namen besteht, wie

Vorname.nachname@provider.de

Mailadressen wie

Hasi95@web.de
spiderman@gmx.de

machen keinen guten Eindruck. Genauso wichtig ist es,
von der Firma, wo Sie sich bewerben wollen, eine
konkrete E-Mail-Adresse zu haben.
Die allgemeine, anonyme Adresse wie
info@musterfirma.de
ist sinnlos. Dann landet Ihre Bewerbung im
„Niemandsland"; nicht da, wo sie hin soll. Bitte immer
an eine bestimmte Person oder Abteilung senden. Wenn
Sie keine haben, rufen Sie an und erfragen Sie die E-
Mail-Adresse des Mitarbeiters, der dafür zuständig ist.
Einige Unternehmen haben auch eine E-Mail, die speziell
für Bewerbungen gedacht ist, die kann lauten
jobs@musterfirma.de

Legen Sie sich in Ihrem E-Mail-Programm einen Ordner
für Bewerbungen an, setzen Sie sich bei jeder E-Mail-
Bewerbung auf „bcc" – schon haben Sie jederzeit einen
Überblick, wann Sie an welches Unternehmen eine
Bewerbung versandt haben.

Bedenken Sie, dass auch eine E-Mail-Bewerbung ein offizielles Schreiben an einen Personalverantwortlichen ist, den Sie direkt ansprechen sollten. Massenanfragen, Formfehler oder eine flapsige Ansprache sind hier genau so fehl am Platz wie bei der klassischen Bewerbung auf Papier. Es gelten die üblichen Höflichkeitsregeln.

Vergessen Sie eines nicht: mit Ihrer Bewerbung geben Sie Ihre erste Arbeitsprobe ab. Mangelnde Detailliertheit wird am stärksten kritisiert bei der Bewerbung per E-Mail. Auch hier – wie bei der klassischen Bewerbungsmappe – sollte der Empfänger in die Lage versetzt werden, zu entscheiden, ob Sie für ihn interessant sind oder nicht.

Häufig sind die Anschreiben zu kurz. Bitte berücksichtigen im Inhalt

- ✓ warum Sie sich für diese Position und dieses Unternehmen interessieren,
- ✓ welche Qualifikationen Sie dafür mitbringen,
- ✓ welche Tätigkeiten Sie bisher ausgeübt haben,
- ✓ was Sie von anderen abhebt
- ✓ und welche besonderen Fähigkeiten Sie haben
- ✓ sowie Ihren Lebenslauf in Kurzform
- ✓ Postanschrift und Telefonnummer !

In der Betreff-Zeile ist sofort zu erkennen, dass es sich um eine Bewerbung handelt. Dann haben Sie gute Chancen, dass sie ankommt. Außerdem sind Dokumente auf dem Bildschirm mühsamer zu lesen als auf Papier. Deshalb bitte so ausführlich wie nötig, so präzise und knapp wie möglich sein. Vermeiden Sie Umlaute und das ß, da manche E-Mail-Programme sie nicht entschlüsseln. Ihren Lebenslauf können Sie als Word-Datei anfügen.

Natürlich können Sie auch Ihre Zeugnisse und ein Foto
einscannen und mitschicken. Achten Sie auf die gute
Auflösung des Fotos. Bitte auf das Format des
Attachements (der Anhänge) achten! Wichtig, dass Sie
das Dateivolumen verringern, die Datei sollte also
komprimiert werden. Dazu können Sie gängige Formate
wie „doc" oder „txt" verwenden. Die Dateien wie den
Lebenslauf versenden Sie bitte als „pdf"-Datei. Das hat
weiterhin den Vorteil, dass keiner daran etwas verändern
kann.
Zeugnisse können Sie ebenfalls in eine „pdf"-Datei
umwandeln, oder Sie fassen sie als „ZIP" – Datei
zusammen (wenn vom Unternehmen gewünscht), denn
nicht jeder kann ZIP-Dateien öffnen.

In der Regel heißt es bei der E-Mail-Bewerbung:
Kurzbewerbung! Kurzbewerbung per E-Mail beinhaltet
ein Anschreiben, in dem Sie sich vorstellen und Ihre
Fähigkeiten, Ihre Kenntnisse darstellen sowie einen
Lebenslauf. Bieten Sie auf jeden Fall an, ausführliche
Unterlagen per E-Mail oder Post nachzusenden.
Alternativ können Sie natürlich auch eine komplette
Bewerbung per E-Mail senden. Was ist richtig? …das
entscheiden Sie allein ☺!
Das Anschreiben steht im eigentlichen E-Mail-Text.

Kurz zusammengefasst für Sie:

✓ **Betreff**: geben Sie in der Betreffzeile bei E-Mailbewerbungen unbedingt „Bewerbung", Titel der Anzeige, Kennziffer (falls angegeben) der Anzeige an.

✓ **Ihre Adresse**: wichtig für den Personalverantwortlichen ist die übersichtliche und einfache Handhabung Ihrer Bewerbung, dazu gehört das leichte Auffinden Ihrer Adresse. Bitte Briefkopf einschließlich Telefonnummer und E-Mail-Adresse einfügen.

✓ Ihre **E-Mail-Adresse**: Bitte SERIÖS! Notfalls holen Sie sich bei einem Ihrer Anbieter eine zweite Adresse.

✓ **Datum**: jede E-Mail erhält automatisch einen „Datumstempel", aus dem der Empfänger ersehen kann, wann die E-Mail verschickt wurde. Bitte darauf achten, dass in Ihrem Lebenslauf und Ihren Unterlagen übereinstimmen und aktuell sind.

✓ **Anlagen**: nicht zu groß-maximal 1 MB insgesamt! Verschiedene E-Mail-Server lassen eine Versendung ab 5 MB nicht mehr zu, bedenken Sie es.

Online-Bewerbung

...auf den vorgefertigten Bewerbungsformularen der einzelnen Firmen sind oft mit vielen Eingabefeldern versehen. Das Unternehmen möchte schon auch dann die entsprechenden Informationen von Ihnen über die dort erfragten Bereiche.

Bitte hier ebenfalls immer die Anschriften- und Kommunikationsfelder (Telefon, E-Mail…) sowie das Feld für das Anschreiben ausfüllen. Das ist Ihre „Visitenkarte", die Unternehmen sehen zuerst genau diesen Bereich. Lebenslauf und – falls angefordert – Zeugnisse in entsprechendem Format anhängen, das Anschreiben nicht mehr, wenn Sie es bereits im „Anschreibenfeld" formuliert haben. Das Foto bitte nicht gesondert anfügen, nur innerhalb eines anderen Dokuments.

Versetzen Sie sich in die Rolle des Personalverantwortlichen, der 100 Bewerbungen einer Stellenausschreibung öffnen soll. Jede online-Bewerbung hat 4-5 Anlagen. Das bedeutet für ihn, er hat 400-600 Anlagen zu öffnen, und eventuell auszudrucken. Wie lange hat er damit zu tun? Daher achten Sie bitte darauf, maximal 3 Anlagen hinzufügen; eindeutige Beschriftung – „Lebenslauf" zum Beispiel und bitte geringe Dateigröße (max. 1 MB).

Bei einigen Firmen, wenn Sie sich online über deren Homepage bewerben möchten, erhalten Sie zunächst ein „Log-In", bevor Sie diese nutzen können. Das bedeutet, Sie geben Ihre Adressdaten an sowie Ihre E-Mail-Adresse und bekommen ein Passwort oder die Log-in Daten. Das geht in der Regel recht schnell, dann loggen

Sie sich ein über „online-bewerben" (je nachdem, wie es benannt ist) und können starten.

Einige Bewerber machen sich die Mühe und erstellen von Ihrem Profil über sich eine eigene Homepage, eine Bewerbungshomepage. Gehen Sie davon aus, dass die Personalchefs nicht begeistert sind, wenn Sie per Passwort irgendwo im Web sich einloggen müssen und dann mühsam nach immer anderen strukturierten Daten zu dem jeweiligen Bewerber suchen müssen. Wenn Sie eine bestellt haben, bestenfalls als zusätzlichen Link in der vollständigen Bewerbung darauf hinweisen.

Wie findet Sie Ihr nächster Job?

Zu einem anderen Thema zum Internet in
Zusammenhang mit Jobs stelle ich Ihnen folgende Frage:
„Wie findet mich mein nächster Job?"

Wenn Sie in der Zukunft was werden wollen,
konzentrieren Sie sich auf Selbstmarketing. Sie müssen
nicht unbedingt ein Internet-Junkie werden, ohne geht es
jedoch nicht mehr. Netzwerken ist das Stichwort!

Nutzen Sie Netzwerke – ein Netzwerk kann aus
Freunden und Bekannten bestehen; ein anderes, über das
ich jetzt berichte, ist das Business-Netzwerk. Kennen Sie
den „Marktplatz"? Haben Sie sich dort schon einmal
umgeschaut? Nicht was Sie meinen ☺ - wo Sie
wöchentlich Ihren Salat und Ihr Gemüse kaufen – das
meine ich nicht. Es geht hierbei auch ums Netz im
Internet, ums Business-Netzwerk XING, zum Beispiel.
Im XING gibt es „Jobs" oder wenn Sie Mitglied sind
"Jobs, die zu Ihnen passen". Firmen, Personalberater
tummeln sich dort und inserieren offene Stellen.
Weltweit bewegen sich dort mehr als sechs Millionen
Menschen;
Arbeitgeber, Angestellte, Manager, Selbstständige …

Da haben Sie die Möglichkeit, auf sich aufmerksam zu
machen. Sicher finden Sie auch Ihren Ex-
Schulkameraden oder Ex-Arbeitskollegen wieder –
einige haben Sie vielleicht schon vermisst, andere haben
Sie bis dato nicht vermisst.

Fakt ist: Wer auf sich aufmerksam machen will, muss
sich etwas einfallen lassen! Nur wie…? Nur präsent sein,
reicht nicht. Schade – ich bin gerne „nur präsent", denn

mir persönlich macht es nicht sehr viel Spaß, viel Zeit im Internet zu verbringen. Nun ja, wenn Sie Ihr Traumjob finden soll, ist es wohl notwendig.

Vielleicht ist es wichtig so aktiv zu sein wie meine Kollegin, die mir regelmäßig den „Spruch des Tages" in meinen Posteingang schickt: „Viele Menschen verachten den Reichtum, aber wenige sind stark genug, auf ihn zu verzichten."
Die Suche nach dem Traumjob mit Traumgehalt … ☺
Lassen wir es einfach so stehen! Eines jedoch können Sie sich von ihr abgucken:

        die „Hallo, hier – bin – ich – Haltung".

Hier gilt einfach: sich geschickt vermarkten. (Genauso wie bei dem vorherigem Thema „Bewerbungsunterlagen".) Im großen und anonymen Web wird letztendlich nur der sichtbar, der sich als „gutes Produkt" präsentiert.

Es ist genial, wenn jemand Ihren Namen liest oder hört und ihm sofort ein paar Stichworte zu Ihnen ein fallen. Nach Möglichkeit positive und einzigartige!

Jetzt sehe ich ein großes Fragezeichen in Ihrem Gesicht. Sie sind einzigartig.
Sie sind vielleicht Arzthelferin oder Krankenschwester. Sprechen Sie eine Fremdsprache? Dass sind Sie ab jetzt diejenige, die ausländische Patienten besonders gut betreuen kann.

Melden Sie sich ab und zu in Foren zu Wort, es gibt viele! Ich bin in der Gruppe „Call Center Club" und „Callcenter Helpdesk". Auch ich werde noch daran arbeiten, mein Profil ist nicht optimal gepflegt – ich

werde beim Öffnen meiner Startseite darauf aufmerksam
gemacht „Ihr Profil ist zu 94% vollständig.
Machen Sie auf sich aufmerksam und tragen Sie nähere
Angaben zu Ihrem Aufgabengebiet ein" oder „Sie haben
noch keine Angaben gemacht, warum Sie in XING
sind…".

Da bin ich sicher noch keine Vorbild-Netzwerkerin –
kann ja noch werden. Eine bekannte Unternehmerin hat
bereits 266 bestätigte Kontakte und war auf 28.035
Seitenaufrufen. In Relation stehen bei mir 40 Kontakte
und 634 Seitenaufrufe, obwohl mein Aktivitätsindex bei
90% liegt – also okay! Das sind nur Statistiken ☺;
wichtig ist es, dass Sie aktiv sind und alle Chancen
nutzen.

Eine kurze Anleitung für das Business-Netzwerken:

- ✓ **Nutzen Sie Kontakte, statt sie nur zu sammeln**: Mailen Sie interessante Kontakte aktiv an, bitten Sie um Informationen oder Empfehlungen und tun Sie anderen auch einen Gefallen, wenn Sie darum gebeten werden. Auch in neuen Branchen, die Sie interessieren, können Sie so Schritt für Schritt Kontakte knüpfen.

- ✓ **Erstellen Sie ein aussagefähiges Profil.** Nutzen Sie die Chance, Ihre Erfahrungen und Interessen steckbriefartig zu veröffentlichen. Damit zeigen Sie anderen, was Sie zu bieten haben. Je konkreter und individueller desto besser. Ein gutes, vom Profi aufgenommenes Foto gehört zu einem Businessprofil wie zu einer konventionellen Bewerbung.

- ✓ **Positionieren Sie sich als Experte**, melden Sie sich zu Wort zu Themen, die Sie interessieren, mischen Sie in Foren und Gesprächsdiskussionen mit, dokumentieren Sie Ihr Spezialwissen in einem „Blog", einem öffentlichen Journal und machen Sie sich damit zum Experten in eigener Sache.

- ✓ **Verlinken Sie sich**: weisen Sie auf Zusatzinformationen im Netz über sich hin, etwa auf eine eigene Homepage. Aber Vorsicht: Das sollte professionell sein.

Das waren Tipps vom Svenja Hofert, www.karriereundentwicklung.de !

Muster, Vorlagen, Beispiele

Jetzt bekommen Sie von mir ein paar Ideen, ein paar **Muster** zu einzelnen Bereichen der Bewerbungen:

- ✓ zum Anschreiben

- ✓ zum Lebenslauf

- ✓ zur Gestaltung

- ✓ zur Tätigkeitsbeschreibung / zum Qualifizierungsprofil

… sehen Sie selbst!

„Schreibe nur, wie du reden möchtest, und so wirst du einen guten Brief schreiben."

Johann Wolfgang von Goethe

Das heißt: Unterbrechen Sie fließende Gedankenströme nicht durch Feilen an Details. Überarbeiten können Sie später immer noch. Seien Sie selbstkritisch, aber übertreiben Sie damit nicht. Zu viele Skrupel behindern Ihren Ideenfluss und kosten Zeit.

Und – ganz wichtig: Versuchen Sie nicht, in einem Stil zuschreiben, der Ihnen nicht liegt.

Formulierungsvorschläge für den Einstieg im Anschreiben

Hier finden Sie unterschiedliche Vorschläge von Einstiegsformulierungen, den Beginn des Anschreibens – für verschiedene Berufe, für verschiedene Branchen. Menschen, die in den jeweiligen Bereichen arbeiten, werden sich jeweils angesprochen fühlen. Da bedarf es keiner näheren Ausführung, da bin ich mir sicher!

Bedenken Sie bitte, wenn Sie mit dem Anschreiben starten und einen aussagefähigen „Betreff" formuliert haben, ist es nicht notwendig, die Position, die Quelle der Ausschreibung, den Grund der Bewerbung nochmals anzugeben.

Formulierungsvorschläge für „Einstiege" eines Bewerbungsanschreibens:

Suche nach einem „Ausbildungsplatz"

Sehr geehrte/r …,

- ✓ die Chance zur Ausbildung zum … in Ihrem Unternehmen möchte ich gerne wahrnehmen.

- ✓ durch mein Praktikum ist mir klar geworden, dass ich nichts anderes als Schreinerin werden will – bei Ihnen!

Vorheriges Telefongespräch

Sehr geehrte/r ...,

- ✓ wie mit Ihnen am ..... besprochen, bewerbe ich mich auf die Stelle als ... .

- ✓ vielen Dank für das gestrige ausführliche Telefongespräch! Wie besprochen sende ich Ihnen meine Bewerbungsunterlagen.

- ✓ ganz herzlich bedanke ich mich für das freundliche, informative Telefongespräch am heutigen Vormittag und sende Ihnen, wie besprochen, meine Unterlagen.

Initiativbewerbung

Sehr geehrte/r ...,

- ✓ mein Interesse lag schon immer darin, anderen Menschen zu helfen.

- ✓ geht auch bei Ihnen Liebe durch den Magen? So bin ich zum Kochen gekommen.

- ✓ in der ... - Zeitung habe ich gelesen, dass Sie expandieren. Das heißt für mich, Sie brauchen Verstärkung.

- ✓ ich suche eine neue Herausforderung und sehe in Ihrem weltweit operierenden Unternehmen Möglichkeiten für mich, meine Fachkompetenz einzusetzen.

- ✓ vor kurzem haben Sie einen neuen REWE-Markt eröffnet. Vielleicht ist Ihr Team noch nicht komplett. Daher bewerbe ich mich entsprechend meiner Qualifikation um eine Anstellung als Verkäufer.

- ✓ Ihr Unternehmen ist in einem Bereich tätig, in dem ich auf eine langjährige Berufserfahrung zurück blicken kann. Da ich auf der Suche nach einer neuen Betätigung bin, ebenfalls auch sofort einsatzbereit bin, stelle ich mich bei Ihnen als … .

- ✓ wie ich der „…-Zeitung" entnommen habe, errichten Sie in der …Straße eine größere Altenpflegestätte. Ich bin von Beruf … und freue mich, wenn ich Ihr neues Team ergänzen kann.

- ✓ ich freue mich sehr, wenn Sie Interesse an meinen Unterlagen finden und mir Gelegenheit geben, mich persönlich bei Ihnen vorzustellen. Gerne können Sie mich unter der oben aufgeführten Telefonnummer erreichen.

- ✓ über langjährige Berufserfahrung verfüge ich zwar nicht, bin jedoch als belastbarer Mitarbeiter nach erfolgreichem Familienmanagement in vielen Bereichen einsetzbar.

- ✓ als engagierter Mitarbeiter mit Organisationstalent stelle ich mich bei Ihnen vor! Mein Familienmanagement ist erfolgreich abgeschlossen, sodass ich direkt einsetzbar bin.

- ✓ gerne biete ich Ihnen als … mit langjähriger Berufserfahrung meine Unterstützung an.

- ✓ ich bin ausgebildete Kauffrau für … und möchte meine langjährige Berufserfahrung bei Ihnen einsetzen.

Stellenangebot in der Tageszeitung/Internet

Sehr geehrte/r …,

- ✓ Ihre Stellenausschreibung auf Ihrer Homepage hat mich neugierig gemacht. Da das beschriebene Aufgabengebiet sowohl meiner bisherigen Erfahrung entspricht und auch für mich neue Entwicklungsmöglichkeiten bietet, bin ich an einer Mitarbeit in Ihrer Arbeitsgruppe sehr interessiert.

- ✓ Sie haben Ihre Allroundkraft gefunden! Gerne arbeite ich für und mit behinderten Menschen.

- ✓ was der Granit für den Garten ist, möchte ich für Ihre Verwaltung sein!

- ✓ wenn Sie denken, dass eine einjährige Arbeitslosigkeit jegliche Motivation und Arbeitsbereitschaft zerstört, dann möchte ich Sie

mit diesem Schreiben vom Gegenteil überzeugen
– am liebsten in einem persönlichen Gespräch,
doch zunächst in schriftlicher Form.

- ✓ nachdem die erste Flut von Bewerbungen auf Ihre
  Anzeige in der „...-Zeitung" vorüber ist,
  präsentiere ich Ihnen jetzt gerne meine
  Bewerbung.

- ✓ der gute Ruf Ihrer Institution ist mir seit langem
  bekannt. So habe ich mich gefreut, in der „...-
  Zeitung" Ihre Anzeige zu lesen.

- ✓ meine langjährige Berufserfahrung und meine
  Kompetenzen als Qualitätsbeauftragter stimmen
  mit Ihren Anforderungen an die ausgeschriebene
  Position überein.

- ✓ durch Ihre Stellenanzeige in der ...-Zeitung habe
  ich erfahren, dass Sie mich für die Stelle als ...
  brauchen. Gerne übernehme ich diese Aufgabe
  für Sie.

- ✓ gerne stelle ich mich Ihnen als Kandidatin für die
  angebotene Position vor.

- ✓ beim Lesen Ihres Stellenangebotes im Online-
  Portal der ... fühlte ich mich spontan
  angesprochen.

Empfehlung

Sehr geehrte/r …,

- ✓ ich habe gehört, Sie brauchen Verstärkung in der …-Abteilung. Gerne stelle ich mich bei Ihnen vor.

- ✓ durch Ihren Mitarbeiter … habe ich erfahren, dass Sie einen … suchen. Ich bin sicher, dass ich Ihr Team optimal ergänze.

Anschreiben eines Bewerbers für die Position eines Filialleiters

Sehr geehrte Damen und Herren,

wenn Sie glauben, dass eine zweijährige Arbeitslosigkeit jegliche Motivation und Arbeitsbereitschaft zerstört, dann möchte ich Sie mit diesem Schreiben vom Gegenteil überzeugen – am liebsten in einem persönlichen Gespräch, doch zunächst in schriftlicher Form.

Ein paar Worte über mich:
Ich bin 37 Jahre und blicke auf eine 19jährige Berufstätigkeit zurück. Nach meiner Ausbildung zum Einzelhandelskaufmann habe ich ununterbrochen in meinem Beruf gearbeitet, zuletzt als Filialleiter des Kaufhauses in … . Dieser Hintergrund erlaubt es mir zu behaupten, dass ich meinem Beruf in jeder Hinsicht kenne. Und noch mehr: Ich mag meinen Beruf!

Meine Arbeitsweise zeichnet sich durch Zuverlässigkeit und Zügigkeit aus – Eigenschaften, die ich auch in den vergangenen Jahren nicht verloren habe.

Ich freue mich, Sie demnächst in einem persönlichen Gespräch von meiner Qualifikation und Einsatzbereitschaft überzeugen zu können.

Mit freundlichen Grüßen

Hinweis für Sie:

Dieser Bewerber verschweigt seine Arbeitslosigkeit
nicht. Er spricht dieses Thema offensiv an und betont
gleichzeitig, dass er leistungswillig und – bereit ist. Ein
solches Vorgehen ist sinnvoll, denn es belegt die
Integrität des Bewerbers.

…entdeckt in „30 Minuten für die kreative Bewerbung“
von Maria Thiel / jedoch etwas verändert in der
Wortwahl

Anschreiben für die Position als Mitarbeiter im Marketing

Sehr geehrte Frau Meyer-Schulze,

Ihre Stellenanzeige hat mich neugierig gemacht!

Die von Ihnen aufgeführten Anforderungen erfülle ich fachlich durch meine Basis als Wirtschaftswissenschaftlerin und Politologin mit einschlägigen Studienschwerpunkten wie

- ✓ Kenntnisse in Aufbau und Ablauforganisation,
- ✓ strategische Produktkonzeption und – planung,
- ✓ Marketingmanagement,
- ✓ Unternehmenspolitik.

Mein Profil runde ich persönlich mit folgenden Eigenschaften auf:

- ✓ entscheidungsstark und selbstkritisch,
- ✓ zukunftsorientiert mit Augenmaß für das Machbare,
- ✓ unternehmerisch im Denken und kundenorientiert im Handeln.

Der Start bei der Deutschen Bahn AG kann kurzfristig erfolgen, meine Gehaltsvorstellungen liegen zwischen 35.000 und 40.000 € p.a. Weitere Informationen über mich entnehmen Sie bitte den folgenden Seiten.

Es wird mir sehr gefallen, meinen Beitrag für die Unternehmensentwicklung der Deutschen Bahn AG zu leisten. Ich freue mich auf ein persönliches Gespräch.

Mit freundlichen Grüßen aus Berlin

Anlagen

Anschreiben einer Abteilungsleiterin

Sehr geehrte Damen und Herren,

nachdem die erste Flut der Bewerbungen auf Ihre Anzeige in der Frankfurter Allgemeinen Zeitung vorüber ist, möchte ich Ihnen gerne meine Bewerbung präsentieren.

Neben meinem betriebswirtschaftlichen Studium mit den Schwerpunkten Marketing und Unternehmensführung weise ich eine siebenjährige Berufstätigkeit in der Marketingabteilung einer führenden internationalen Hotelkette vor. Da mir die Unternehmenskultur keine Entwicklungsmöglichkeiten bietet, suche ich nach einer Position mit aussichtsreichem Blick in die berufliche Zukunft.

Meine fachliche Qualifikation bezieht sich auf das gesamte Tätigkeitsfeld der Marketingabteilung eines Großunternehmens. Weiterhin habe ich nebenberuflich eine Ausbildung zum NLP-Master absolviert und verfüge über Kenntnisse der Transaktionsanalyse. Zu meinen Stärken gehören Motivation und Mitarbeiterführung. Bisher ist es mir immer gelungen, auch in Konfliktsituationen eine zufrieden stellende Lösung für alle Parteien zu finden.

Wenn Sie eine Mitarbeiterin mit fachlicher Qualifikation, umfassender Berufserfahrung und der nötigen persönlichen Reife suchen, dann bin ich die RICHTIGE für Sie!

Freundliche Grüße

Hinweis für Sie:

Dieses Schreiben betont die Fachkenntnisse des
Bewerbers. Es geht auch auf die zwischenmenschlichen
Fähigkeiten ein und ist somit ideal auf das
Anforderungsprofil einer Abteilungsleiterin (der fachlich
und persönlich kompetent sein soll) zugeschnitten.

Karl-Heinz Frau
Auf der Wiese 20
12345 Himmelstor
Mobil: 0171 – 12345678

16. Juni 2008

Fahrten – Kurier AG
Herrn Steiner
An der Kurve 20
65834 Wiesbaden

Bewerbung als Fahrer
Ihr Stellenangebot in der Wiesbadener Zeitung vom 14. Juni 2008

Sehr geehrter Herr Steiner,

nach unserem Telefongespräch am Dienstag bewerbe ich mich bei
Ihnen als Fahrer für Lastkraftwagen im Nahverkehr.

Als Auslieferungsfahrer habe ich Tiefkühl- und Frischkost an
Kunden der Gastronomie geliefert. Von der Kontrolle der
auszuliefernden Waren über das Be- und Entladen bis hin zur
Abwicklung der Lieferung bin ich mit allen dazugehörigen Aufgaben
vertraut.

Ich besitze die Führerscheine der Klassen B und C1 und kann eine
unfallfreie Fahrpraxis vorweisen. Gerne möchte ich in meinem Beruf
weiterhin arbeiten. Ich gelte als zuverlässiger Mitarbeiter, der über
die notwendige Ortskenntnis in der ausgeschriebenen Region
verfügt.

Über eine Einladung zu einem persönlichen Gespräch freue ich mich
sehr.

Mit freundlichen Grüßen

Brigitte Meister
Achsenstraße 12
12345 Seinstadt
Telefon: 01234 – 567890
E-Mail: Brigitte.Meister@abc.com

Drogerie Müller
Herrn Franzl Müller
Neue Straße 10
12345 Seinstadt

Seinstadt, 05. Februar 2009

Bewerbung als Verkäuferin

Sehr geehrter Herr Müller,

bei der Durchsicht des „Online-Stellenmarktes" der Agentur für Arbeit ist mit Ihr Stellenangebot aufgefallen, das mich sehr angesprochen hat.

Ich verfüge über langjährige Einzelhandelserfahrung in den Bereichen Geschenke und Spielwaren. Das Verkaufen hat mir sehr gelegen; ich war erfolgreich. Nun suche ich nach einer neuen Tätigkeit in einem ebenso interessanten Bereich.

Beratung, Verkauf, Präsentation der Waren und Schaufenster-Gestaltung gehörten zu meinem bisherigen Tätigkeitsfeld. Oberste Priorität hat für mich die Kundenorientierung und die Fachkompetenz im Umgang mit Kunden.

Da ich mich und meine Ernährung auf natürliche und ökologische Produkte umgestellt habe, bin ich davon überzeugt und kann mich somit mit Ihrem Sortiment sehr gut identifizieren.

Ich hoffe, Ihr Interesse geweckt zu haben und freue mich auf Ihre Einladung zu einem persönlichen Gespräch.

Mit freundlichen Grüßen

Björn Schmidtchen
Kreuztor 14
63691 Ranstadt
Telefon 0151-53570831

Ambrat-Gesellschaft mbH
Herrn Harry Hirsch
Carl-August-Weg 43
55000 Ingelheim

05. Juni 2009

Initiativbewerbung als Verkäufer

Sehr geehrter Herr Hirsch,

sicher sind Sie nicht erfreut, wenn wieder eine Bewerbung auf Ihrem Schreibtisch landet, die mit „hiermit bewerbe ich mich …" anfängt. Deshalb beginne ich anders!

Ich suche eine Festanstellung als Verkäufer, ich will zu Ihnen. Natürlich kann ich mich als Kassierer bei ALDI oder als Koch im Altenwohnheim bewerben (…kochen kann ich ebenfalls!). Der Beruf sollte Spaß machen, denn nur dann ist es auch erfolgreich. Mir macht das Verkaufen sehr viel Spaß; ich habe dafür viele Ordner frei, die stelle ich Ihnen gerne zur Verfügung. Bei Bedarf verkaufe ich einem Engländer eine Brücke – mit wundervollem Blick auf den Rhein und auf Mainz-Kastell.

Wenn Sie mit dem Lesen meiner Bewerbung bis hierhin gekommen sind und sich immer noch nicht dafür entschieden haben, mich zu einem Vorstellungsgespräch einzuladen, dann nehmen Sie meine Bewerbung einfach und basteln einen Papierflieger daraus. Auf Wunsch schicke ich Ihnen auch noch eine der Standardbewerbungen (…habe ich gelernt!).

Ich möchte kundenorientiert arbeiten, so wie ich es bei der Firma WERNER in Heimatort gelernt habe. Kundenkontakt ist etwas Wichtiges, die Hosen sind auch nicht so schnell durchgescheuert.

Hoffentlich bis demnächst, jetzt liegt es an Ihnen.

Freundliche Grüße

Björn Schmidtchen

Anlage

Marianne Musterfrau
Musterstraße 00
60123 Frankfurt

Versicherungs GmbH
Frau Exampel
Wichtiggasse 1
54005 Koblenz

03. November 2008

Bewerbung um einen Ausbildungsplatz zur Versicherungskauffrau

Sehr geehrte Frau Exampel,

im Februar dieses Jahres hatte ich die Möglichkeit im Rahmen des „Girl´s day" einen Blick hinter die Kulissen Ihrer Filialdirektion Koblenz Nord zu werfen. Dieses Erlebnis hat mich in meinem Wunsch bestärkt, den Beruf der Versicherungskauffrau zu erlernen.

Ich habe mich im Internet ausführlich über den Beruf informiert und denke nun, mit meiner Berufswahl die richtige Entscheidung getroffen zu haben. Der Umgang mit Menschen, die Auseinandersetzung mit Zahlen und Daten, das Organisieren, Planen sowie Verwalten bereiten mir Freude. Ich habe eine rasche Auffassungsgabe und kann eigenständig arbeiten.

Zum jetzigen Zeitpunkt besuche ich die 12. Klasse des ELS-Gymnasiums in Mülheim, welches ich im kommenden Frühjahr mit dem Abitur abschließen werde. In meiner Freizeit trainiere ich mit meiner Jugendmannschaft begeistert Judo. Außerdem lese ich sehr gerne, auch englische Literatur.

Ich freue mich auf eine Einladung zu einem Vorstellungsgespräch.

Freundliche Grüße

Anlage

Telefon 0123 456789
Mobil 0160 1234578

Anschreiben um einen Ausbildungsplatz im Hotel

Bewerbung um einen Ausbildungsplatz zum Hotelfachmann

Sehr geehrte Frau .....,

machen wir es kurz, damit Sie nicht schon wieder eines dieser faden Bewerbungsanschreiben analysieren müssen:

…meine Motivation:
Auf jeden Fall eine Ausbildung zum Restaurant- oder Hotelfachmann absolvieren! ich habe zwar keinen Realschulabschluss, jedoch einen Hauptschulabschluss. Mein Ziel ist es, die Ausbildung mit Erfolg und großem Engagement zu durchlaufen und abzuschließen. Danach möchte ich mich als Barkeeper qualifizieren, denn ich bin kreativ und habe Spaß daran, Cocktails zu mixen.

Warum ich mich bei Ihnen bewerbe?
Sie sind ein internationales Unternehmen. Ich habe neben der deutschen - ebenfalls die amerikanische Staatsbürgerschaft. Ich spreche neben deutsch auch englisch wie meine Muttersprache.

Praktikum habe ich noch nicht im Hotel gemacht – das kann ich jedoch in Ihrem Hause machen. Die Ausbildung beginnt bei Ihnen ab Februar 2010 – setzen Sie mich ab sofort bis Februar ein als Praktikant, dann habe ich die Chance, Sie von meiner Leistungsmotivation zu überzeugen.

Ich freue mich auf Ihre Nachricht!

Freundliche Grüße

Patrick Mc Morning

Anlage

Deckblätter und Lebensläufe

Sandra Mondschein
Halloween Straße 16
53400 Lindaun
Tel.: +49 (0) 150 3456789
E-mail: s.mondschein@gxx.xxl

Bewerbung

für

Firma XYZ GmbH

als

Vertriebsmitarbeiterin
im Innendienst

Sandra Mondschein
Halloween Straße 16
53400 Lindaun
Tel.: +49 (0) 150 3456789
E-mail: s.mondschein@gxx.xxl

Persönliche Daten

Geburtsdatum: **20. Februar 1972**
Geburtsort: **Hanau**
Familienstand: **ledig**

Berufspraxis

März 2007 - Juli 2007 **LKW-Fahrerin im nationalen Fernverkehr**
Bethlehem GmbH, Kornfeld
Aufgaben:
- Auftragsdokumentation
- Termingerechte Ladung und Auslieferung der Ware
- Ladungssicherung
- Einhaltung der gesetzlichen Vorschriften
- Fahrzeugpflege und -wartung
- Praxisunterweisung von neuen Mitarbeitern

März 2003 - Februar 2007 **Team- und Vertriebsassistentin im Bereich Marketing Solutions,**
Data Mustermann Services, Frankfurt
Aufgaben:
Unterstützung des Vertriebsteams
Erstellung Vertriebsreportings und Präsentationsunterlagen

Terminkoordination und -
organisation
Reisekostenabrechnung
Telefonsupport
Erledigung der
Geschäftskorrespondenz

August 2000 - Februar 2003 **Teamassistentin,
Controllingbeauftragte und
Vertriebsreferentin,**
Data Mustermann Services
GmbH, Frankfurt a.M.
Aufgaben:
Büroorganisation
Rechnungserstellung und
Zahlungsüberwachung
Auftragsbearbeitung
Personalverwaltung

Mai 1993 - Juli 2000 **Dispositionssubstitutin im
Sport-Textil-Einkauf,**
Musterfrau Versand AG,
Frankfurt a.M.
Aufgaben:
- Kontrolle der
Warenversorgung
- Auftragsbearbeitung
- Mitwirkung bei der
Nachdisposition
- Mitwirkung bei der
Werbemittelgestaltung

Sandra Mondschein
Halloween Straße 16
53400 Lindaun
Tel.: +49 (0) 150 3456789
E-mail: s.mondschein@gxx.xxl

Januar 1990 - März 1992	**Sachbearbeiterin im Versand Bereich Retouren,** Musterfrau Versand AG, Frankfurt a.M. Aufgaben: Erfassung und Beurteilung von retournierter Ware Neuverpackung und Einlagerung der wieder versandfähigen Ware ins Versandlager Eingruppierung nicht wieder versandfähiger Retouren und Zuführung zur Verwertung

Berufliche Qualifikation

April 1992 - April 1993	**Weiterbildung zur Dispositionssubstitutin im Einkauf,** Musterfrau Versand AG, Frankfurt a.M.
September 1988 - Januar 1990	**Ausbildung zur Handelsfachpackerin (IHK),** Musterfrau Versand AG, Frankfurt a.M.

Schulbildung

1984 - 1988

Gymnasialzweig der
Gesamtschule Konradsdorf
Abschluss: Mittlere Reife

Fremdsprachen

Deutsch
Englisch

Muttersprache
gute Kenntnisse in Wort und
Schrift

EDV-Kenntnisse

MS Office (Word, Excel,
PowerPoint)
Windows XP Professional
Internet Explorer, Netscape
Navigator
Outlook

Fahrerlaubnis

B (PKW); C, CE (LKW);
Staplerschein

Lindaun, 20. Juni 2007

Sandra Mondschein
Halloween Straße 16
53400 Lindaun
Tel.: +49 (0) 150 3456789
E-mail: s.mondschein@gxx.xxl

Zu meiner Person

Ich möchte diese Seite gerne nutzen, um Ihnen meinen Lebenslauf und meine berufliche Entwicklung näher zu erläutern.

Bei Durchsicht meiner Unterlagen wird Ihnen sicher auffallen, dass ich zu Beginn des Jahres eine bedeutende berufliche Veränderung vollzogen habe, nachdem ich mehr als sechs Jahre als Team- und Vertriebsassistentin tätig war.

Mit der Berufswahl LKW-Fahrerin habe ich mir einen lang gehegten Wunsch erfüllt. Nach bestandener Führerscheinprüfung wollte ich die Chance nutzen, ein völlig anderes Aufgabengebiet kennen zulernen und mein „Hobby" – das Autofahren, im LKW zum Beruf zu machen.

Innerhalb kurzer Zeit wurde mir bewusst, dass die Rahmenbedingungen dieses Berufes meinen persönlichen

Bedürfnissen nicht gerecht werden. Auch vermisse ich die enge Zusammenarbeit sowie die Kommunikation mit Kollegen und Kunden.
Ich schätze diesen beruflichen Abschnitt als wertvolle Erfahrung. Aus den oben genannten Gründen möchte ich jedoch zukünftig meine Fähigkeiten wieder in einer ähnlichen Tätigkeit, wie ich sie vor meinem Berufswechsel ausgeübt habe, einsetzen und weiterentwickeln.

Anita Kaiser
Mondstraße 13
60000 Limboeiland

Lebenslauf

Persönliche Daten

Anita Kaiser

**geb.: 00.00.1000 in Niedernhausen/ Hessen
verheiratet seit 11.11.1000
2 Töchter, 20 und 30 Jahre**

Berufserfahrung

11 / 07 – 04 / 08	Mitarbeiterin im Service-Center **der DWS Investment GmbH, Frankfurt**
07 / 00 – 10 / 07	Gruppenleiterin **Kunden-Service-Center der Volksbank eG, Frankfurt am Main**
	Assistentin **im Bereich Privatkundenbetreuung bei Volksbank eG, Frankfurt am Main**

10 / 96 – 06 / 00	Mitarbeiterin im Service-Center **der Union-Investment-Gesellschaft** **mbH, Frankfurt**
03 / 85 – 09 / 96	Mutterschutz, **Kindererziehung**
04 / 80 – 02 / 85	Kundenberaterin **bei der Volksbank Hanau eG**
01 / 76 – 03/ 80	Servicemitarbeiterin **bei Volksbank und Raiffeisenbank** **Lauterbach eG**

Schulische und berufliche Ausbildung

05 / 08 – **heute**	Weiterbildung DAA Nidda: **MS Office2003, Excel / PowerPoint /** **Englisch für Fortgeschrittene**
09 / 06 + 02 / 07	**Seminar „Führung intensiv I und II"**
09 / 05 + 11 / 05	**Ausbildung zum Vertriebscoach**
10 / 05	Seminar „Coach the Coach"
04 / 05	**Seminar „Erfolgreich telefonieren** **im KundenServiceCenter"**
01 / 01 – 07 / 02	**Internes** Beraterseminar **der** **Volksbank eG Frankfurt**
01 / 83 – 06 / 83	**Ausbildung** Bankkauffrau **in** **Volksbank Hanau eG**

08 / 74 – 07/ 75	Fachoberschule **Fachrichtung Wirtschaft, Bad Hersfeld Abschluss: Fachhochschulreife**
08 / 72 – 07/74	**Ausbildung** Industriekauffrau **in Fa. Boney & Co. GmbH, Rote/F.**
08 / 70 – 07 / 72	Kaufmännische Berufsfachschule, **Bebra – Mittlere Reife**
04 / 63 – 07 / 70	Grund- und Volksschule **in Rote/F.**

Sonstige Fähigkeiten

| **EDV** | **MS-Office-Anwendungen, Lotus-Notes, mCall,** ACD-Anlagen-Bedienung |

Was Sie über mich wissen sollten

Ich arbeite gerne mit anderen Menschen zusammen. Dabei sind für mich Zuverlässigkeit, Diskretion und Loyalität unverzichtbar. Serviceorientierung nach außen und innen ist die Basis auf der ich kommuniziere und organisiere. Zu meinen besonderen Eigenschaften zählt auch die Fähigkeit Zusammenhänge schnell zu erkennen und unter Einsatz meiner Kreativität die richtigen Lösungen anzusteuern.

Ort, 20. Juni 2008

Max Mustermann

Musterstrasse 29

35888 Musterstadt-Musterdorf

☎ 06111 977333

📱 0181 2246717

✉ maxmustermann@freenet,de

geboren am 01.11.1962 in Musterdorf, Wetteraukreis

verheiratet, zwei Kinder, 21 und 18 Jahre alt

Ausbildungshintergrund:
Bankfachwirt, erfahrener Aktienhändler

Musterstadt, 23.07.2009

Ich bin

- ✓ ein verantwortungsbewusster, eigenständiger und sehr zielstrebiger Mensch, der es gewohnt ist, seine Aufgaben mit überzeugenden Ergebnissen zu bewältigen.
- ✓ immer mit Freude dabei Neues zu lernen.
- ✓ ein Mensch, der im Umgang miteinander stets Ehrlichkeit und Fairness erwartet.

Für Ihr Unternehmen

- ✓ werde ich durch mein logisches Denkvermögen und meine analytischen Fähigkeiten neue Handelsideen entwickeln, die sowohl im Eigenhandel erfolgreich umgesetzt werden als auch den Dialog mit den Kunden bereichern.
- ✓ bin ich sicherlich bald ein gewinnbringender Mitarbeiter und trage zu einer positiven Firmenentwicklung bei.

Die richtige Arbeitsmotivation beziehe ich aus

- ✓ einem angenehmen betrieblichen Umfeld,
- ✓ der Identifikation mit der Firma und ihren Werten,
- ✓ einer sehr leistungsorientierten Vergütung sowie
- ✓ der Möglichkeit, meine Arbeitszeiten frei gestalten zu können.

Lebenslauf

Persönliche Daten

Nadine Muster
Hügelstr. 08
61120 Musterort

Mobil: 0122-3456789

Email:
Nadine_Muster@web.com

geboren am 10.11.1980 in
Offenbach
Familienstand: ledig
Staatsbürgerschaft: deutsch

Schulausbildung

1989-1993

Dietrich-Bonhoeffer-Schule,
Musterort
Grundschule

1993-1999

Ernst-Reuter-Schule,
Musterort
Gesamtschule, Abschluss:
Mittlere Reife

Auslandserfahrung

seit 04/2008   **AuPair in England**

Berufspraxis

04/2004-03/2008   Woodtec Fahrzeugteile,
                                Musterort
                                Disponentin/Sekretärin

                                Tätigkeit

                                - Bedienung der
                                  Telefonzentrale
                                - Neuanlage von
                                  Kundendaten und
                                  Stammdatenpflege
                                - Büroorganisation
                                - Vor- und Nachbereitung
                                  interner
                                  Kundenveranstaltungen
                                - Bearbeitung der Ein- und
                                  Ausgangspost
                                - Kassenverantwortung
                                - Unterstützung der Verkaufs
                                  bei der Auftragsabwicklung

10/2003-04/2004   MS Personal
                                Einsatz bei der Firma
                                Woodtec Fahrzeugteile mit
                                daraus folgender
                                Festanstellung im
                                Unternehmen

| 03/2003-09/2003 | Fitness Company, Frankfurt am Main |
| | |

Sachbearbeitung Recruiting

Tätigkeit

* Versenden der Eingangsbestätigungen
* Schreiben von Einladungen zum Bewerbungsgespräch
* Schreiben von Zwischenbescheiden und Absagen
* Abwicklung der gesamten E-Mail Korrespondenz
* Bearbeitung aller „Call Ins" Erstauskünfte über ausgeschriebene Positionen (bei speziellen Fragen Weiterleitung an jeweiligen Recruiter)

| 2002- 02/2003 | arbeitssuchend |

Berufsausbildung

| 1999-2002 | J+D Software AG, Musterort Ausbildung zur Bürokauffrau mit Abschlussprüfung vor der IHK Offenbach am Main |

Tätigkeit

- Posteingang, -verteilung und Postausgang
- Telefonvermittlung, allgemeiner Nachrichtenverkehr
- Überwachung von Forderungseingängen sowie Mahnwesen
- Erstellung von Lieferscheinen
- Erfassung der Eingangsrechnungen
- Erstellung aller Unterlagen für Kundentermine
- Bearbeitung der Ausgangsrechnungen
- Erstellung der Software-, Hardwarepflegeverträgen und Beratungsverträgen

Softskills

- Teamfähigkeit
- Flexibilität
- Zuverlässigkeit

IT- Skills

- Microsoft (PowerPoint, Excel, Word und Outlook 2000)

* ProAd
(Jobverwaltungsprogramm)
* HR (Bewerbersoftware)
* Betriebssystem Win 98,
2000
* ProAd
(Jobverwaltungsprogramm)
* HR (Bewerbersoftware)
* Betriebssystem Win 98,
2000

Sprachen

* Englisch, fließend

Weiterbildung

Juli 2007

Ausbildereignungsprüfung vor der IHK Frankfurt am Main

Besondere Interessen

In meiner Freizeit singe ich in einer Band, mache Sport,
verbringe Zeit mit meinen Freunden und reise gerne.

Ort, 10. Mai 2008

Dies ist nur eine Seite von mir ...

...wenn Sie die andere Seite kennen lernen möchten, lesen Sie bitte weiter!

Standor Schenna
Finkenweg 12
35510 Butzbach
Tel.: 06033 78954
e-mail: st.schenna@t-online.de

Qualifikationsprofil

Leitung Profit Center

Aufbau eines neuen Verkaufsbüros
Kostenplanung und Budget-Verfolgung
Absatzplanung nach Kundenzielgruppen
Absatzplanung nach Produktgruppen
Investitionsplanung
Sortimentsgestaltung/-optimierung
Schnittstellenmanagement in den Bereichen Marketing,
Lieferanten/Einkauf, Logistik, Kunden sowie
unternehmensintern
Vertriebscontrolling anhand von Kennzahlen, Analyse der
Kundenkontakte, Auswertung der
Direktmarketingaktionen
Kontinuierliche Verbesserung der Arbeitsabläufe

Personalführung

Personalplanung
Personalauswahl
Teamführung
Zielvereinbarungsgespräche
Personalbeurteilung
Schulungs- und Weiterbildungsplanung
Personalentwicklung

Vertrieb

Absatzmarktforschung durch Kunden- und
Wettbewerbsanalyse
Ermittlung des Marktvolumens, Umsatzpotentials
Umsatzplanung
Kalkulation
Preisgestaltung
Konditionsbearbeitung
Angebotserstellung
Auftragsabwicklung
Aktionsplanung
logistische Abstimmung
Planung und Durchführung von Hausmessen und
verkaufsfördernder Maßnahmen
Support Key-Account-Management
Erstellen von Präsentationsunterlagen

Pflege von Kundenstammdaten, Preisspiegeln, Listungen
persönliche und telefonische Kundenberatung und -
betreuung
Neuakquisition/Ausbau des vorhandenen
Kundenstammes
Reklamationsbearbeitung
technische Problemlösungen

Maria Mustermann

Zwetschgengasse 21
12345 Himmelstor
Telefon 06000 12345

Bewerbung

Ausbildung
zur
Gesundheits- und Krankenpflegerin

Maria Mustermann

Zwetschgengasse 21
12345 Himmelstor
Telefon 06000 12345

Lebenslauf

Maria Mercedes Mustermann

geboren am 03. Juni 1990
in Musterhausen
deutsche Staatsangehörigkeit

Eltern:	Claudia Mustermann
	Carlos Mustermann
Geschwister:	Riccardo Mustermann, 23 Jahre
	Roberto Mustermann, 8 Jahre

Schulbesuch:

1996 – 1999	Mittelpunktschule, Himmelstor
1999 – 2002	Frauenwaldschule, Himmelstor
2002 – 2005	Adolf-Reichwein-Schule, Himmelpforte
	<u>Abschluss:</u> qualifizierter Hauptschulabschluss
2005 – 2006	Kaufmännische Berufsschule, Himmelpforte
seit 2006	Wingert-Schule, Himmelstor
	<u>voraussichtlicher Abschluss</u> Sommer 2008: Mittlere Reife

Praktikum:

2003	Reisebüro, Musterort
2005	Kindertagesstätte Limeskindergarten, Musterort
2006	Büro König, Musterort
2007	Taunus-Klinik, Musterort

Hobbys:

Computer / PC
Garten und Natur
Fahrrad fahren

Ober-Mörlen,
18. Februar 2008

Maria Mustermann

Zwetschgengasse 21
12345 Himmelstor
Telefon 06000 12345

Kliniken des W-Kreises gGmbH
Bürgerhospital
Frau Muster
Südländische Straße 3-5
61000 Musterort

8. Februar 2008

Bewerbung um
einen Ausbildungsplatz zur Gesundheits- und Krankenpflegerin

Sehr geehrte Frau Muster,

durch mein letztes Praktikum in der Taunus-Klinik bin ich mir sicher,
den Beruf der Gesundheits- und Krankenpflegerin zu erlernen. Ich
bewerbe mich bei Ihnen um einen Ausbildungsplatz ab Sommer
2008.

Ich unterstütze und helfe gerne Menschen. Ich bin ein offener und
zuvorkommender Teenager, der zuverlässig und pünktlich seine
Aufgaben erledigt. Zum jetzigen Zeitpunkt besuche ich bereits die
Wingert-Schule, mit der Fachrichtung „Medizinisch-technische und
krankenpflegerische Berufe".

Mein Wunsch ist es, in Ihrer Klinik eine Ausbildung zu machen, da
ich dort die Möglichkeit habe, in unterschiedlichen Stationen
eingesetzt zu werden. Somit bekomme ich die Chance, eine
umfangreiche Ausbildung zu absolvieren.

Ich freue mich über eine Einladung zu einem Vorstellungsgespräch.

Freundliche Grüße

Maria Mustermann

Anlage

...über mich, die Autorin Susanne Parisi:

Susanne Parisi, Jahrgang 1960, Reiseverkehrskauffrau, seit 1995 selbstständig in der Telekommunikation und im Bewerbungscoaching mit den Kernkompetenzen Training und Coaching von Mitarbeitern.

Nach mehr als 15 Jahren Berufserfahrung in der Dienstleistungsbranche (Touristik, Hotellerie und Getränkeindustrie mit Schwerpunkten wie Leitung von Tenniscamps im Ausland, Sales- & Marketingmanager in der Touristik, Sales- & Bankettmanager in der internationalen Hotellerie, Aufbau und Leitung einer Dienstleistungsgesellschaft in der Getränkeindustrie) habe ich meine Erfahrungen, meine Kompetenzen und Qualifikationen genutzt und mich selbstständig gemacht.

Seit 1995 unterstütze ich diverse Klientel im Vertrieb, in der Schulung sowie im Coaching von Mitarbeitern und Bewerbern.

Als Mensch ...
- ✓ bin ich aktiv und agiere!
- ✓ bin ich Praktiker und kein Theoretiker!
- ✓ steht der Mensch für mich im Vordergrund!
- ✓ bin ich weltoffen und wissbegierig!
- ✓ begegne ich Herausforderungen mit großer Neugierde!
- ✓ sehe ich mein Gegenüber durch die Brille der emotionalen Intelligenz!
- ✓ habe ich den Mut „anders zu sein"!
- ✓ zeige ich eine außergewöhnliche Intuition!
- ✓ verfüge ich über eine große Portion Humor!

... bin ich Mensch geblieben!

Aus welchem Grund schreibe ich noch weitere Bücher
mit Inhalten wie „Einsatz des Telefons bei der Jobsuche"
oder „…beeindrucken im Vorstellungsgespräch"?

…weil es mir sehr viel Spaß macht! ☺

„Alle Menschen, die nicht ihrem Weg folgten, wären
dumm, mit sich selber unzufrieden und gezwungen, eine
Wahl zutreffen. Entweder ein Leben hinzunehmen, das
von Enttäuschung und Schmerz geprägt war oder zu
begreifen, dass jeder dazu geboren ist, glücklich zu sein."

Autor unbekannt

Wenn Sie mir von Ihren Erfahrungen
✓ bei der Suche nach einer neuen beruflichen
Herausforderung
oder
✓ mit diesem Buch schreiben wollen,
freue ich mich!

Viel Erfolg, passen Sie auf sich auf!

Ihre
Susanne Parisi

E-Mail: bewerbung@parisi-online.de